Figuren aus Marzipan

ISBN: 978-3-8094-8028-0

Idee, Umsetzung und Fotos: Iryna Stepanova und Sergiy Kabachenko
Vermittelt durch Michael Margulis, München
Redaktion und Producing: trans texas publishing services, Köln
Gestaltung: Sabine Vonderstein, Köln
Umschlaggestaltung: Atelier Versen, Bad Aibling
Coverabbildungen: Iryna Stepanova und Sergiy Kabachenko
Herstellung: Elke Cramer
Projektleitung: Anja Haveland

Druck und Bindung: Mohn Media, Mohndruck, Gütersloh

FSC
www.fsc.org
MIX
Aus verantwortungs-vollen Quellen
FSC® C011124

Verlagsgruppe Random House FSC-DEU-0100
Das für dieses Buch verwendete FSC®-zertifizierte Papier *Profisilk* wurde produziert von Sappi Alfeld.

Printed in Germany

817 2635 4453 6271

Iryna Stepanova | Sergiy Kabachenko

Figuren aus Marzipan

Liebevolle Einzelstücke zum Selbermachen

Inhalt

Marzipanfiguren
Modellierspaß mit Genussfaktor

Schon die Zuckerbäcker im Zeitalter des Barock verwendeten Marzipan als Grundmaterial für ihre prachtvollen Konditorei-Schaustücke. Seitdem ist Marzipan als Modelliermasse für festliche Torten nicht mehr wegzudenken.

Das ist wenig erstaunlich, denn Marzipan besitzt gleich zwei herausragende Eigenschaften: Es schmeckt köstlich und ist als Modelliermasse geradezu ideal. Marzipan lässt sich beliebig einfärben, ist fest genug, um jede Gestalt anzunehmen, und gleichzeitig so leicht formbar, dass auch Ungeübte spektakuläre Objekte damit kreieren können.

Woraus besteht diese Wundermasse? Der wichtigste Rohstoff der Marzipanrohmasse sind Mandeln. Diese werden blanchiert, geschält und gemahlen und im Verhältnis 2:1 mit Zucker vermengt. Außerdem enthält die Rohmasse 17 Prozent Feuchtigkeit – ein kleiner Teil davon kann Rosenwasser sein – und 28 Prozent Mandelöl. Bevor die Marzipanrohmasse als Produkt in den Handel kommt, wird sie nochmals mit Puderzucker angeknetet, maximal im Verhältnis 1:1. Hier gilt die Formel: je niedriger der Zuckergehalt, desto höher die Marzipanqualität. Französisches Marzipan verwendet häufig statt Zucker Zuckersirup, wodurch es ein zarteres Aroma erhält als das deutscher Hersteller.

Seinen Ursprung hat das Marzipan aller Wahrscheinlichkeit nach im Orient, im heutigen Iran. Es gelangte infolge der Kreuzzüge im Mittelalter über östliche Mittelmeer-Handelswege nach Venedig und von dort an viele Höfe Europas, wo es ab dem 14. Jahrhundert beim Adel als Konfekt geschätzt wurde. Die Herstellung des Marzipans lag wie die anderer Süßigkeiten in der Hand der Apotheker, die es nicht nur als Nascherei, sondern auch als Heilmittel gegen allerlei Probleme mit der Verdauung verkauften.

Anfang des 19. Jahrhunderts gründeten findige Konditoren die ersten Marzipanmanufakturen, die Marzipanprodukte für eine größere Kundschaft herstellten. Da Zucker zu jener Zeit sehr teuer war, konnte sich die normale Be-

völkerung Marzipan erst leisten, als im Laufe des 19. Jahrhundert verbesserte Erzeugungstechniken die Gewinnung von Zucker aus Zuckerrüben ermöglichten.

Im Gegensatz zu den Konditoren im Nürnberg des 17. und 18. Jahrhunderts, die extra angefertigte Modeln aus Holz, Zinn oder Ton verwendeten, um raffinierte Marzipanfiguren herzustellen – darunter biblische Motive und Wappen –, werden sämtliche in diesem Buch vorgestellten Motive ganz einfach von Hand gerollt, geformt und geknetet. Hin und wieder kommen Werkzeuge, die sich mit Sicherheit in jedem Haushalt finden, zum Einsatz.

Von der Blume bis zum Traktor, vom Löwen bis zum Schmetterling bestehen alle Figuren aus den einfachen Grundformen Kugel, Kegel, Röllchen oder Würfel oder ihren Abwandlungen. Kinder und Erwachsene werden die fröhlich-bunten Figuren mit derselben Begeisterung und mit demselben Erfolg modellieren. In welcher Reihenfolge und welchem Größenverhältnis die Grundbausteine unserer Marzipanfiguren hergestellt werden und wie man die Teile aneinanderfügt, wird in detaillierten Schritt-für-Schritt-Fotos genau gezeigt.

Abwechslungsreich und fröhlich kommen die Marzipanfiguren in diesem Buch daher. Blättert man die Seiten durch, muss man nicht lange überlegen, bei welchem Anlass sie zum Einsatz kommen könnten: Die bunten Figuren sind bei jeder Party von Groß und Klein, auf jedem Frühjahrs- oder Weihnachtsgebäck, als essbares Spielzeug, als Tischdekoration oder als mit Liebe angefertigtes Geschenk ein origineller Blickfang, der für gute Laune sorgt.

Marzipan formen

Dieses Buch zeigt Ihnen, wie Sie aus Marzipanrohmasse und ein paar einfachen Hilfsmitteln lustige, dekorative und kunstfertige Figuren formen können.

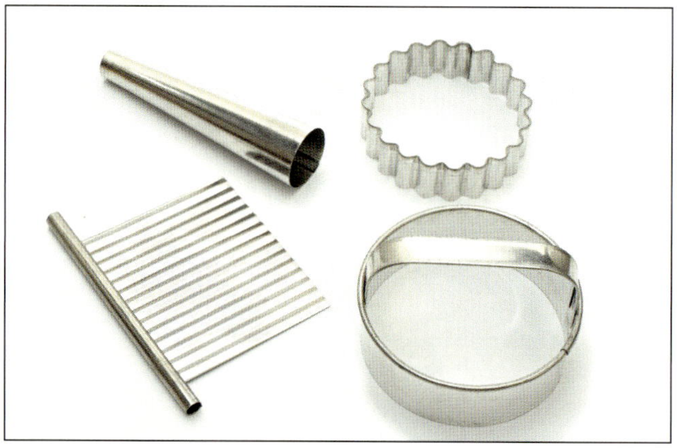

Die Grundmasse

Für die Zubereitung von Figuren aus Marzipan können Sie die Marzipanrohmasse so verwenden oder sie mit Puderzucker verkneten (z. B. 100 g Marzipan mit 20 g Puderzucker verkneten). Probieren Sie aus, was für Sie angenehmer ist. Im Internethandel ist auch spezielles Modelliermarzipan erhältlich. Die Figuren in diesem Buch wurden alle mit einfacher Marzipanrohmasse hergestellt.

Das Werkzeug

Für die Bearbeitung des Marzipans haben Sie wahrscheinlich schon alle wichtigen Instrumente im Haus: ein Nudelholz zum Ausrollen, eine Schere, eine Pinzette und ein paar Zahnstocher sind die Grundausstattung. Teigspatel und Marzipanmesser aus Kunststoff sind nützlich, können zu Beginn aber auch durch einfaches Kunststoffbesteck ersetzt werden.

Wenn Sie Marzipan ausrollen, legen Sie es am besten zwischen Frischhaltefolie, so klebt es nicht am Ausroller und an der Arbeitsfläche fest. Wie beim Backen können Sie durch Zugabe von ein wenig Puderzucker die Klebrigkeit mindern.

Verschiedene Ausstechformen, Rillenkamm, Lochtüllen und andere Küchenutensilien helfen bei der Formung des Marzipans.

Die Ausschmückung

Hier können Sie Ihrer Fantasie freien Lauf lassen. Gehen Sie durch die Süßwarenabteilung und lassen Sie sich von der Vielfalt an kleinen Zuckerperlen und -streuseln, Lakritzschlangen und Geleefrüchten, kleinen Trüffeln und Schokoladensplittern inspirieren. Mit ein wenig Geschick werden daraus Augen, Nase, Schwanz eines Tieres, der passende Rasen für die Rosenblüten oder die Haare einer Marzipanschönheit. Apropos Haare: Marzipan durch die Knoblauchpresse gedrückt, ergibt einen wunderschönen Kopfschmuck.

Marzipan färben

In diesem Buch wurde das Marzipan für die Figuren gefärbt. Es sieht aber auch gut aus, wenn Sie ungefärbte Masse benutzen – ganz nach Belieben und Anlass.

Lebensmittelfarben

Zum Färben von Marzipan wird Speisefarbe verwendet. Rot, Gelb und Blau sind die Grundfarben, die Sie in der Backabteilung im Supermarkt bekommen können. Alle anderen Farben können Sie durch Mischen dieser drei Farben erhalten. Es lassen sich aber auch kleine Marzipanstückchen einfärben, die anschließend gemischt werden, sodass man Marzipan in unterschiedlichen Färbungen und Schattierungen erhält. Wie das Marzipan am besten eingefärbt wird, sehen Sie auf den 4 kleinen Bildern unten.

Um farbintensives Marzipan herzustellen, braucht man eine ganze Menge Farbstoff. Dadurch wird allerdings das Marzipan weicher und somit schlecht formbar. Wird es zu klebrig, kann Puderzucker untergeknetet werden. Oder man lässt es einige Zeit an der Luft trocknen, damit eine gut knetbare Konsistenz entsteht.

Im Internet und in gut ausgestatteten Geschäften sind auch Pulver- und Pastenfarben erhältlich. Wenn Sie sehr kräftig gefärbtes Marzipan brauchen, können Sie es auch mit der Lebensmittelfarbe bemalen. Außer mit Lebensmittelfarben können Sie Marzipan auch mit farbigen Lebensmitteln färben: Kakaopulver, Götterspeisenpulver, der Saft von Heidelbeeren und der von Roter Bete sind nur ein paar Beispiele. Achten Sie auch hier darauf, dass das Marzipan nicht zu weich wird.

Besonders bei Marzipanformen für runde Geburtstage oder zu Hochzeiten kann es gerne etwas edler sein. In diesem Fall können Sie zum Beispiel mit Goldstaub oder Goldfolie der Dekoration einen letzten Schliff geben.

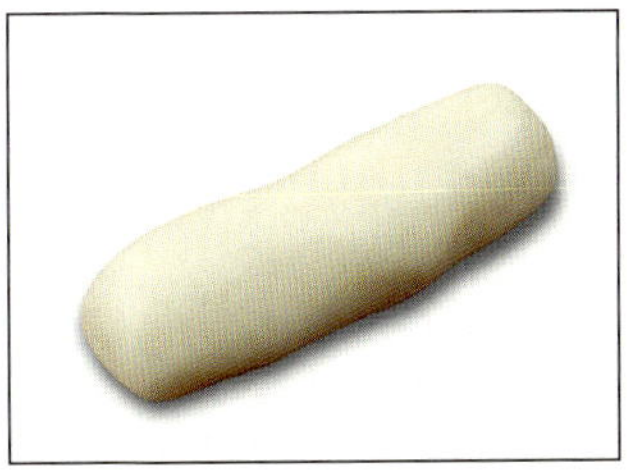

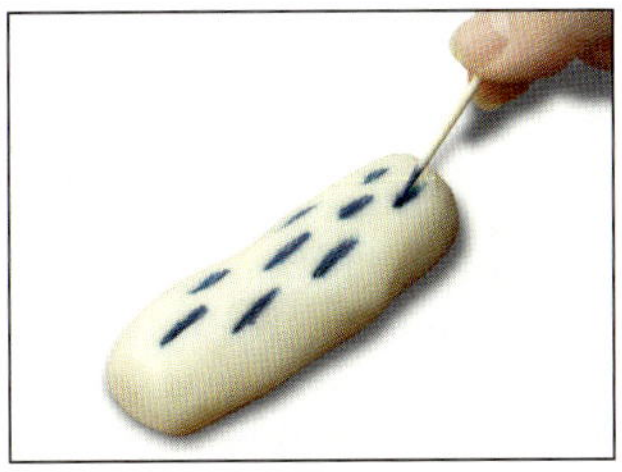

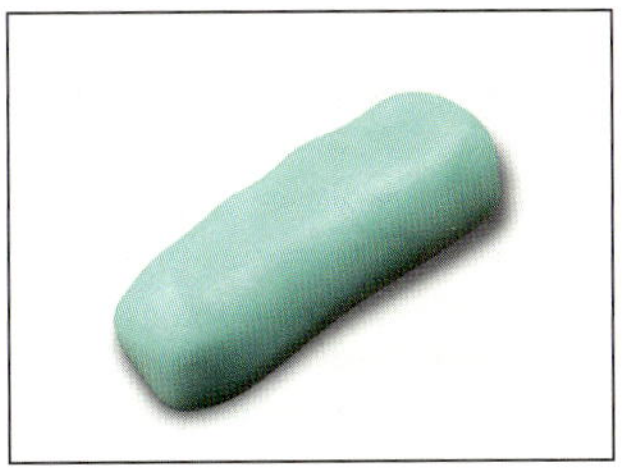

Farben, die durch Mischen der Grundfarben entstehen

Violett: Rot und Dunkelblau
Orange: Gelb und Rot
Grün: Dunkelblau und Gelb
Braun: Grün, Rot und Gelb
Schwarz: Dunkelblau, Grün und Rot

Die Grundformen

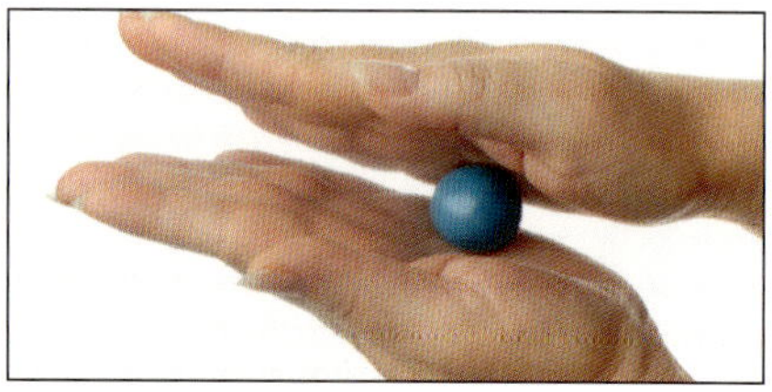

Aus der Kugel werden alle weiteren Formen entwickelt. Um eine Kugel zu formen, nehmen Sie einen Teil der Marzipanmasse zwischen die Handflächen und rollen sie so lange, bis die Kugel gleichmäßig rund ist.

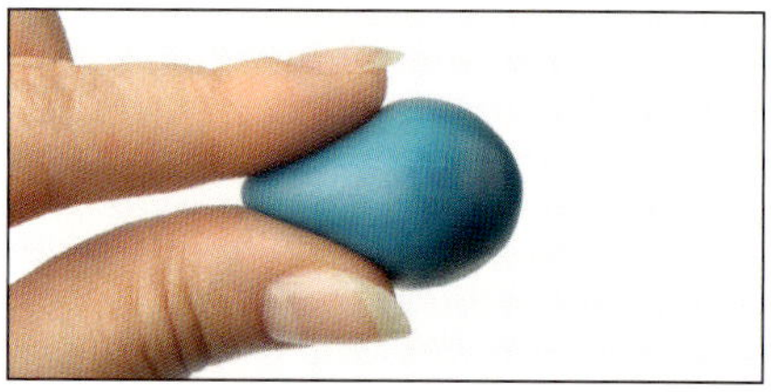

Sie formen die Kugel zu einem Tropfen, indem Sie sie an einer Seite mit Daumen und Zeigefinger zusammendrücken und zwischen den Fingern hin und her rollen.

Indem Sie die Unterseite des Tropfens flach andrücken und mit den Fingern der anderen Hand dagegenhalten, erhalten Sie einen Kegel.

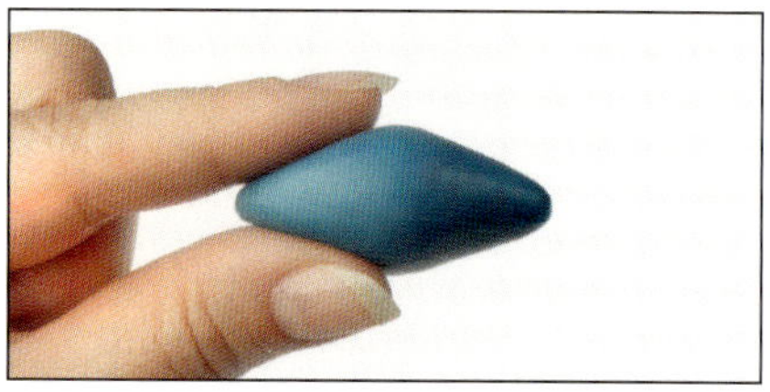
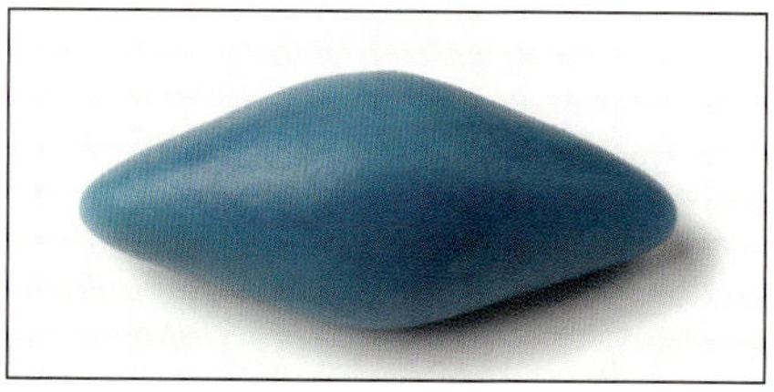

Wenn Sie das runde Ende des Tropfens ebenfalls zwischen Daumen und Zeigefinger zusammendrücken und rollen, erhalten Sie einen doppelseitigen Kegel.

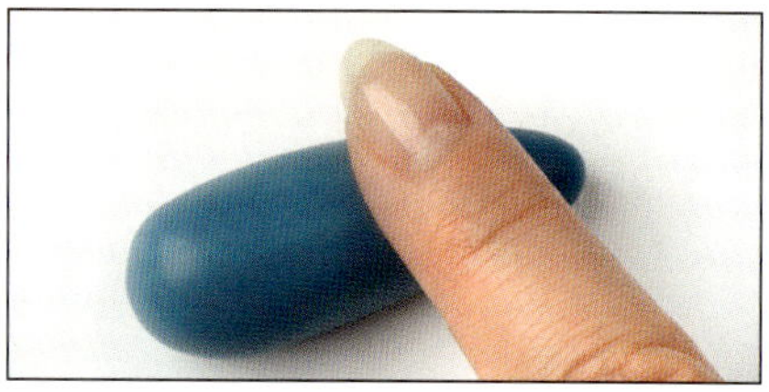
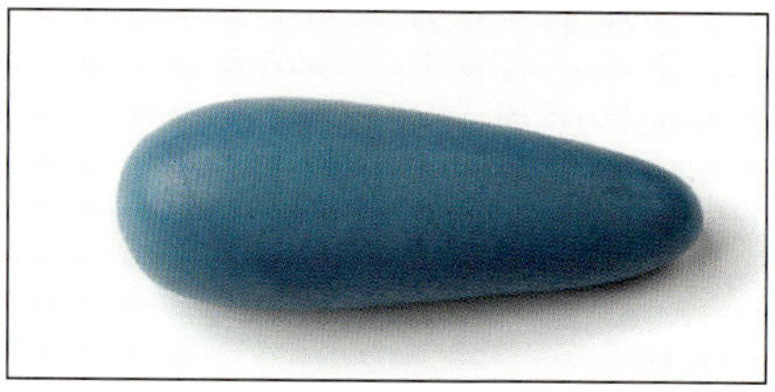

Wenn Sie diesen doppelseitigen Kegel auf einer Unterlage weiter rollen, erhalten Sie einen verlängerten Kegel – ein karottenförmiges Teilstück.

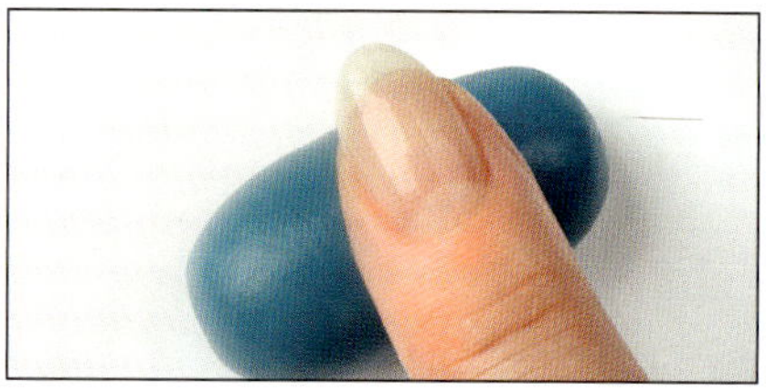
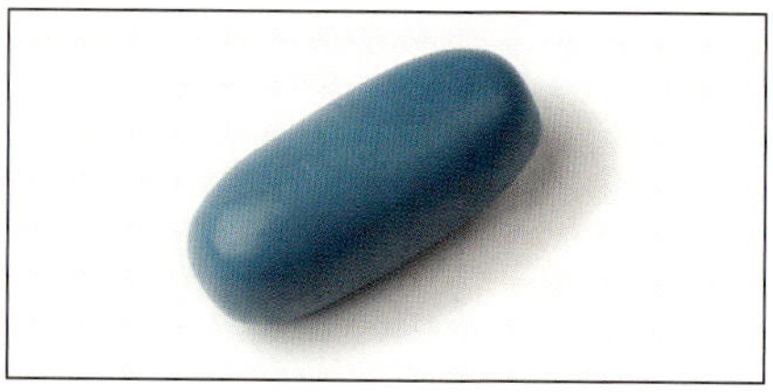

Aus einer Kugel lässt sich ein Zylinder rollen, indem man die Kugel mit leichtem Druck des Finger hin und her rollt.

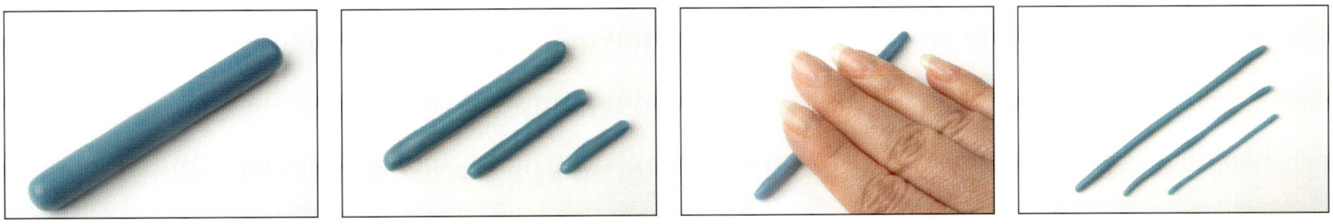

Rollen Sie den Zylinder zwischen den Handflächen, um Röllchen zu erhalten. Wenn Sie den Druck beibehalten und auf der Unterlage weiterrollen, erhalten Sie Fäden. Man muss mit konstantem Druck rollen, um einen gleichmäßigen Faden zu erzielen.

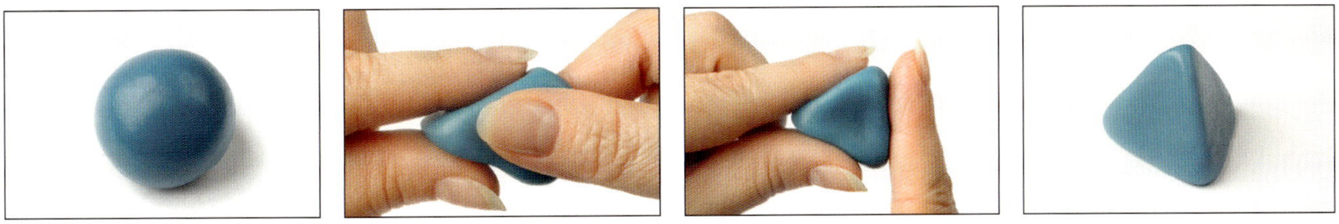

Um eine Pyramide zu formen, nehmen Sie eine Kugel zwischen Daumen und Zeigefinger und drücken sie von einer Seite flach. Im rechten Winkel dazu drücken Sie die anderen Seiten der Kugel mit den Fingern der anderen Hand flach. Stellen Sie die Pyramide auf die Unterlage und glätten Sie abwechselnd alle Seiten, bis die Pyramide gleichmäßig ist.

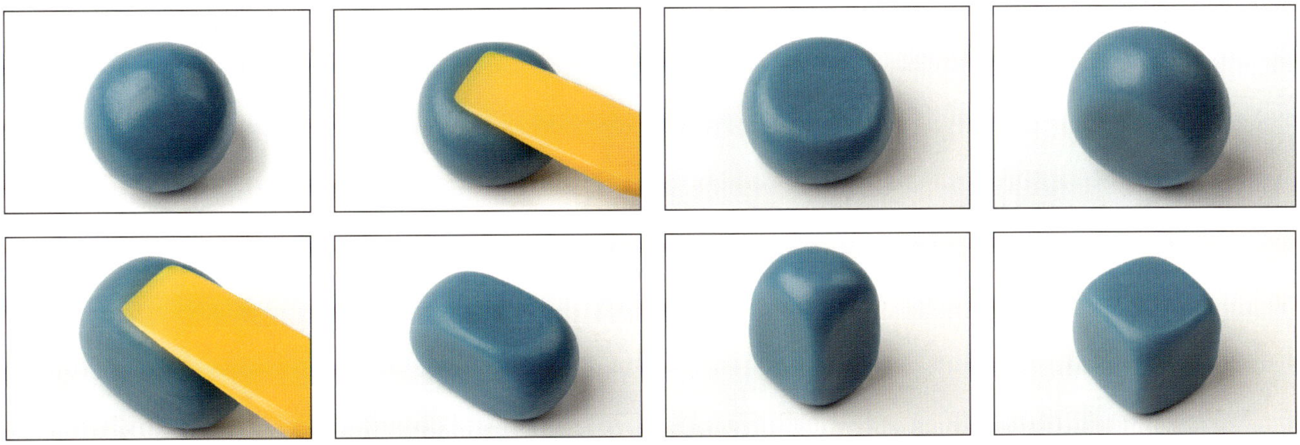

Einen Würfel erhalten Sie, indem Sie eine Kugel auf die Unterlage legen und sie sanft von oben mit dem Spachtel flachdrücken. Drehen Sie das Stück, um es von allen Seiten zu bearbeiten, bis Ihr Würfel gleichmäßig ist.

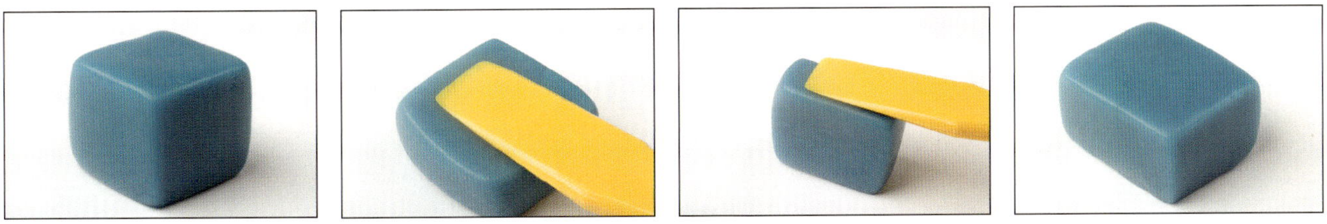

Um einen Ziegelstein zu erhalten, drücken Sie eine Seite eines Würfels stärker flach.

Figuren aus Kugeln

Flusspferd

1

2

3

4

5

6

7

8

9

10

11

12

Giraffe

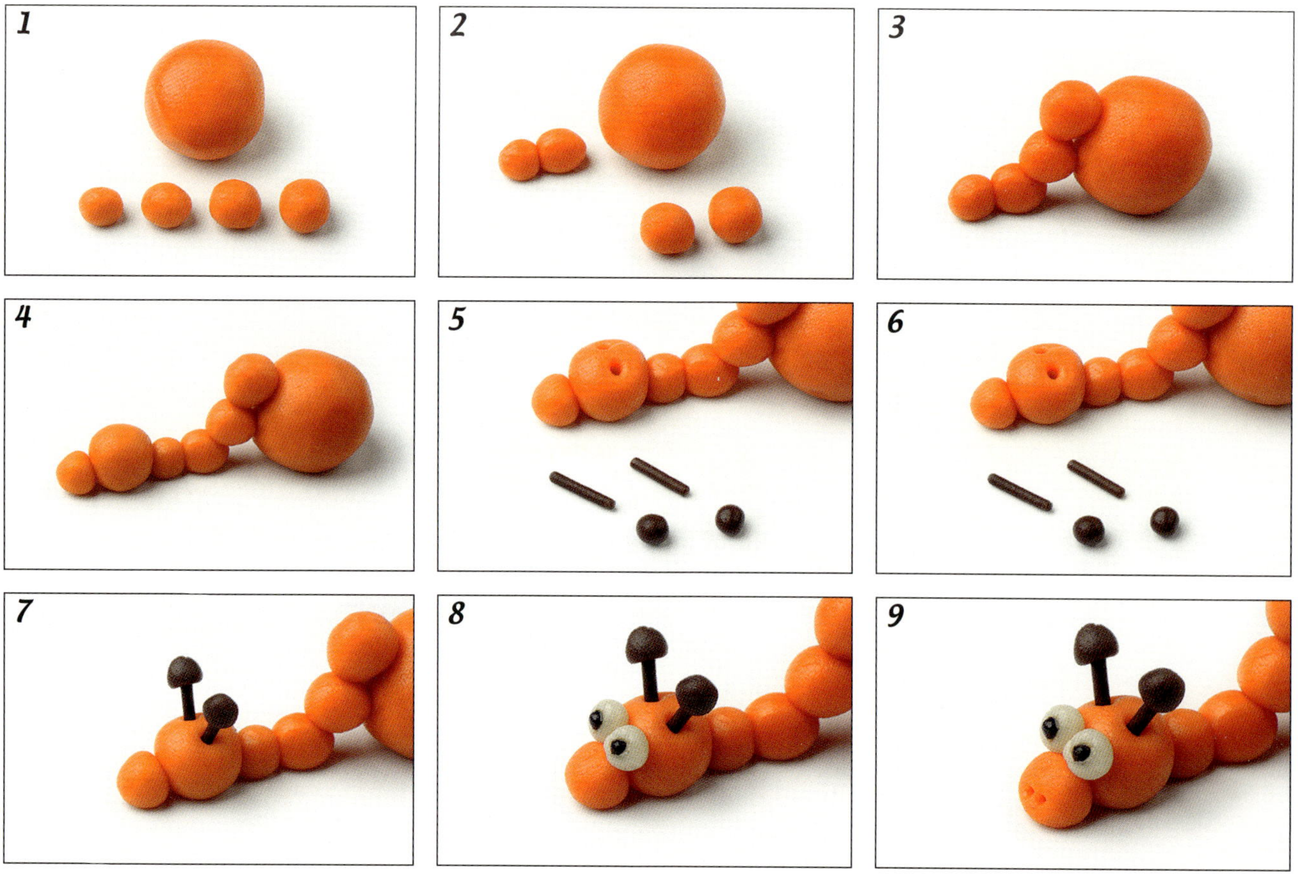

Krokodil

1

2

3

4

5

6

7

Eichhörnchen

1
2
3
4
5
6
7
8
9
10
11
12

Bär

1
2
3
4
5
6
7
8
9
10
11

Fuchs

1
2
3
4
5
6
7
8
9
10
11
12

Kamel

1

2

3

4

5

6

7

8

9

Elefant

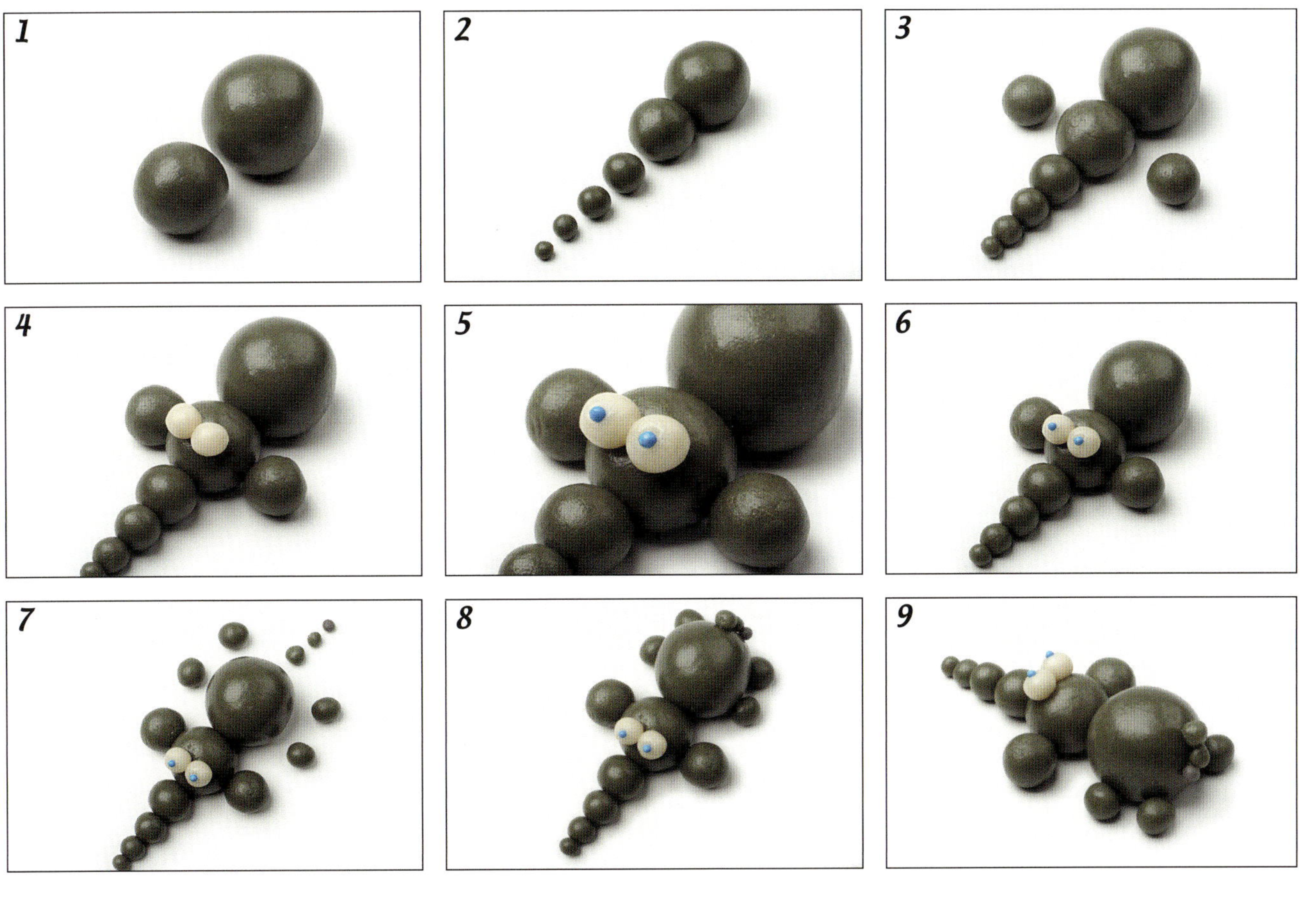

Eule

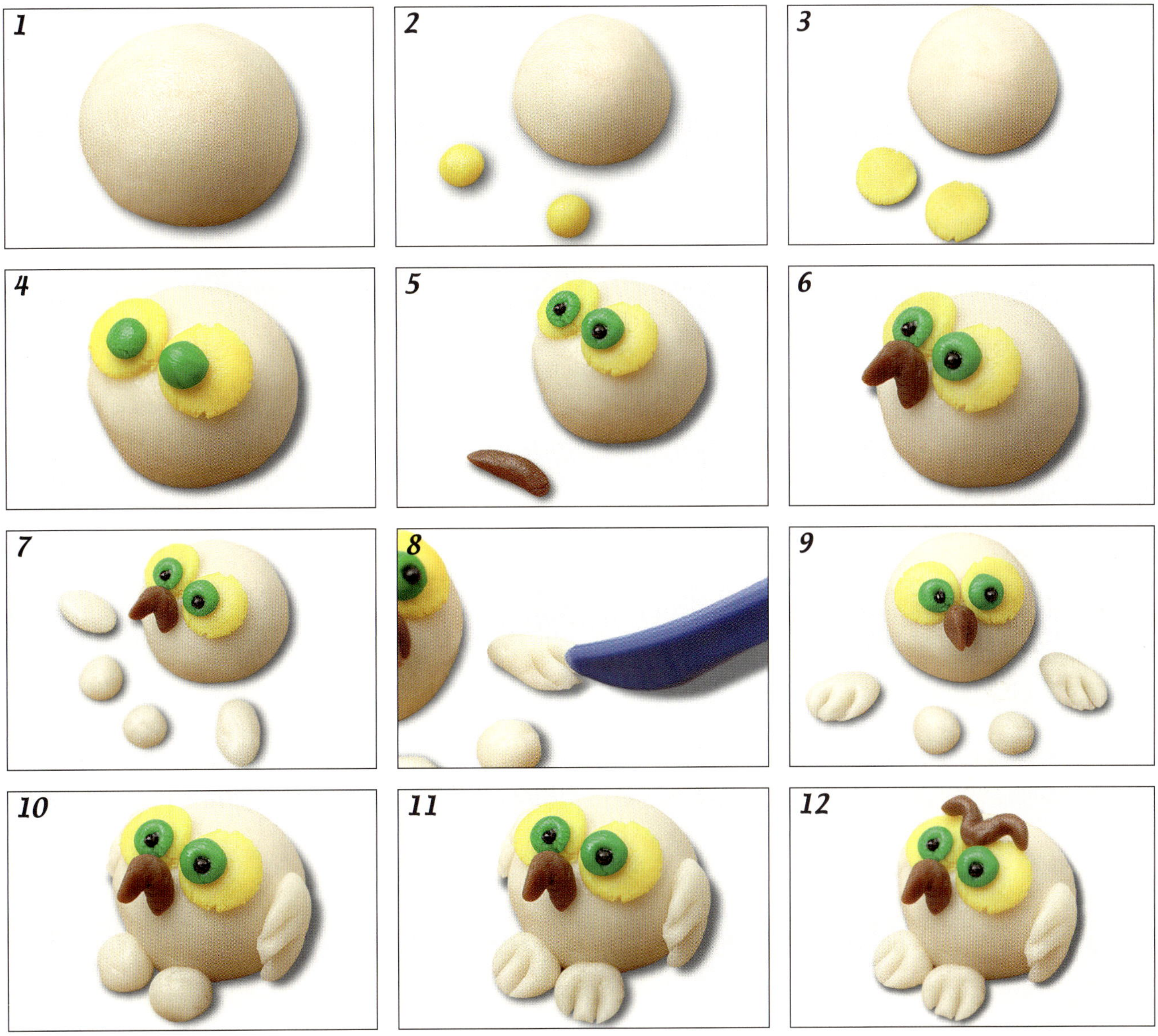
1
2
3
4
5
6
7
8
9
10
11
12

Frosch

Raupe

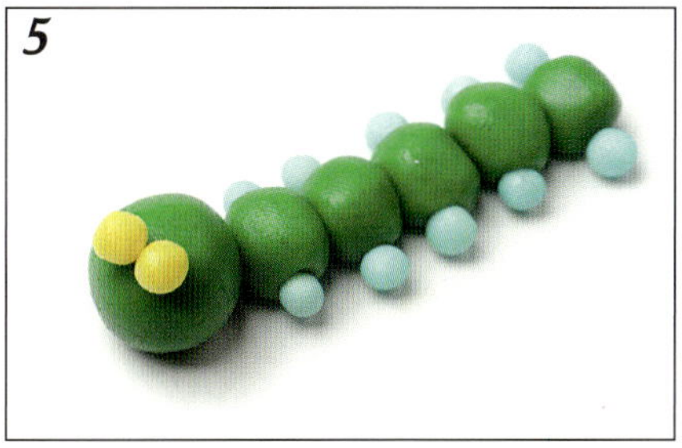

Marienkäfer

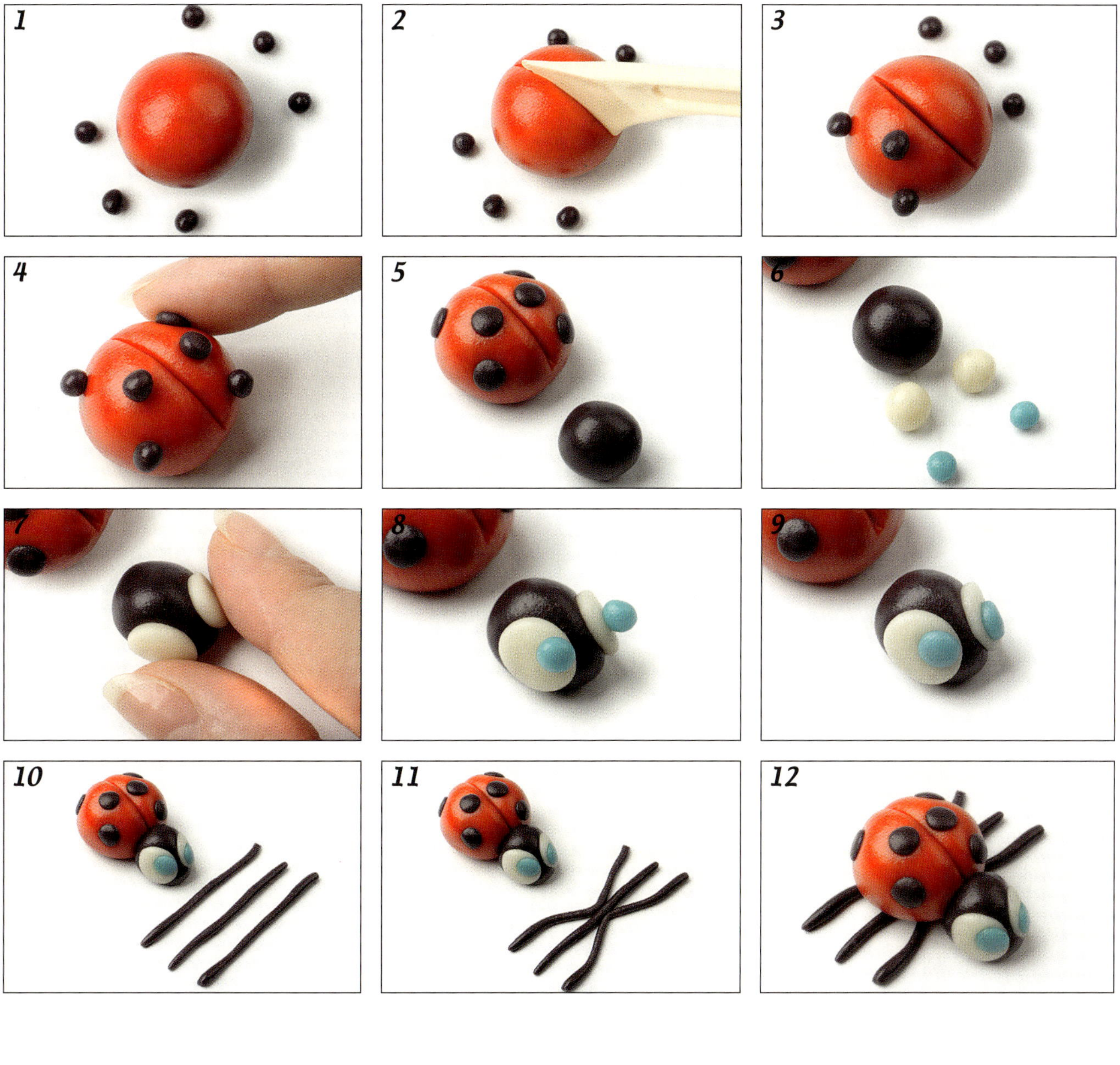
1
2
3
4
5
6
7
8
9
10
11
12

Figuren aus Röllchen

Hahn

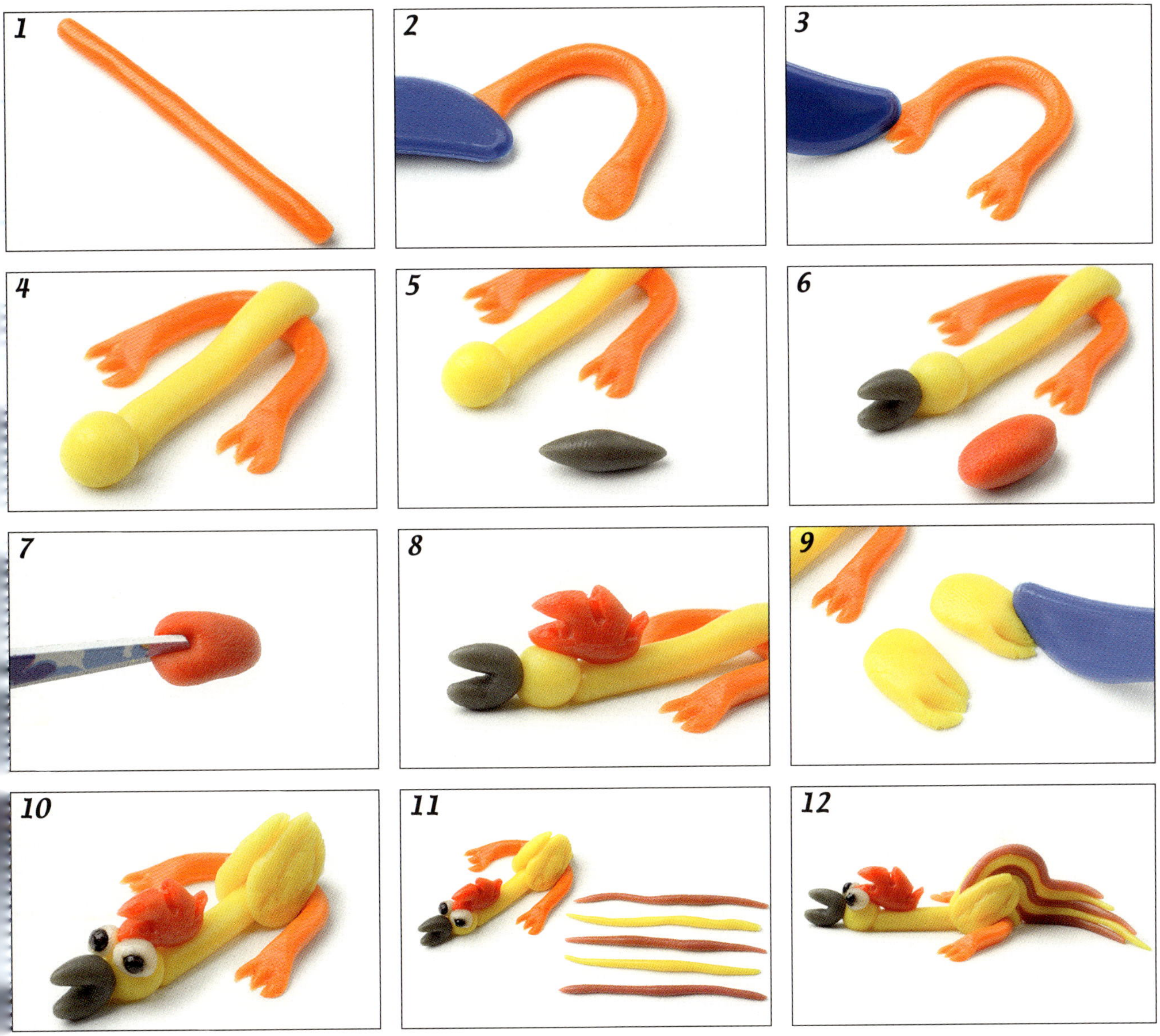
1
2
3
4
5
6
7
8
9
10
11
12

Kaninchen

1

2
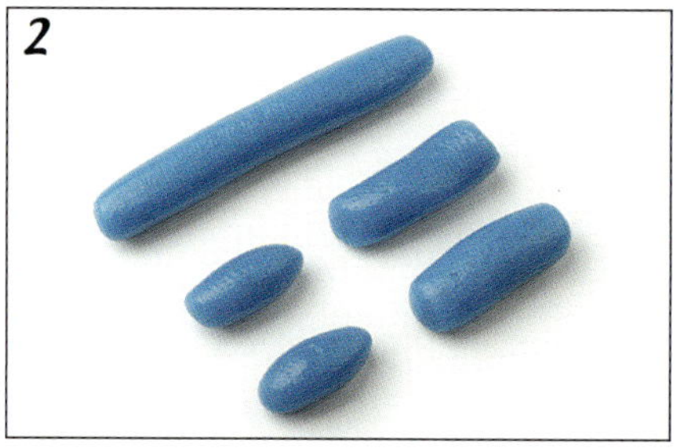

3
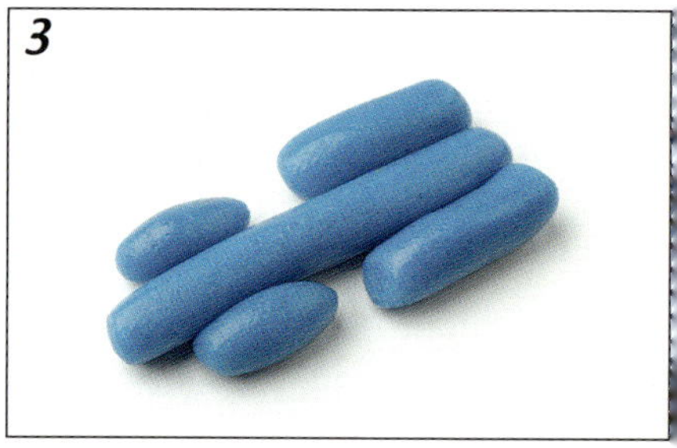

4

5
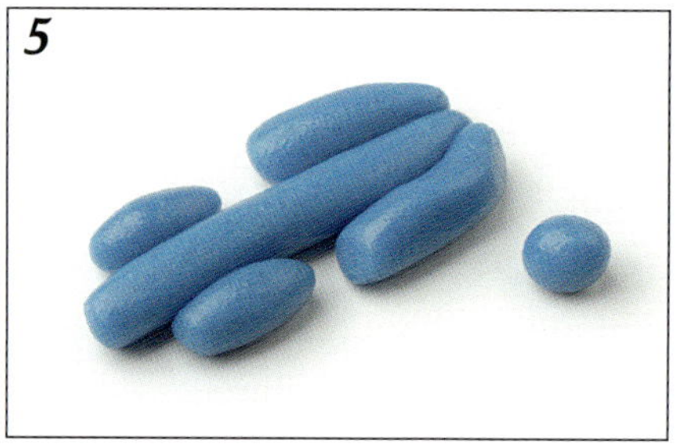

6
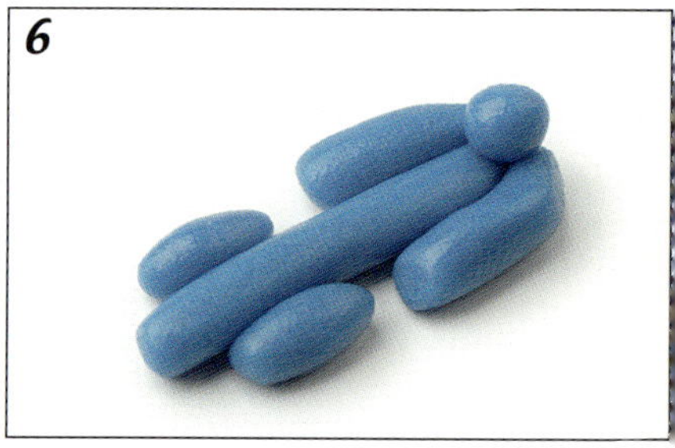

7
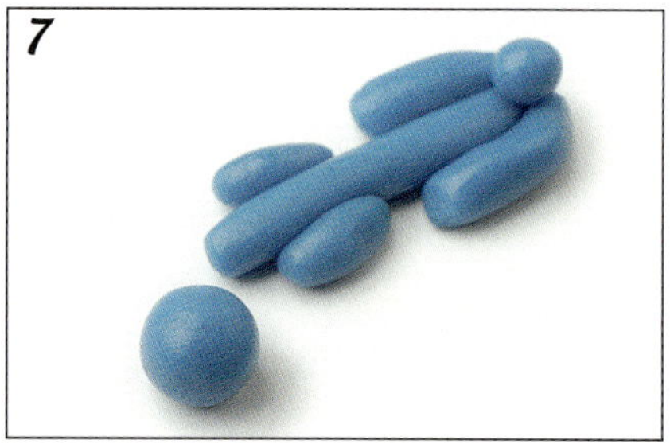

8
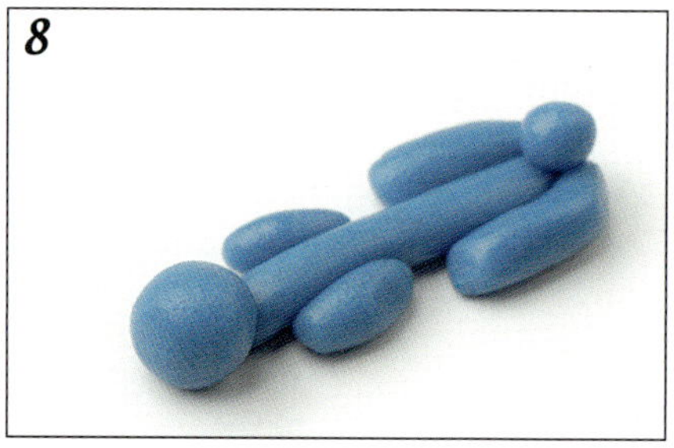

9

10
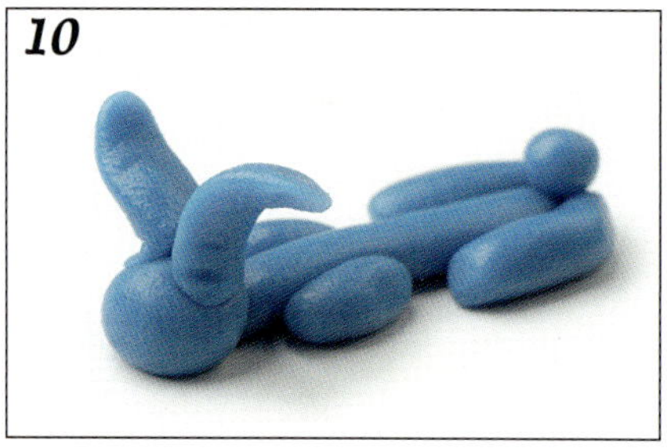

11

12

Schwein

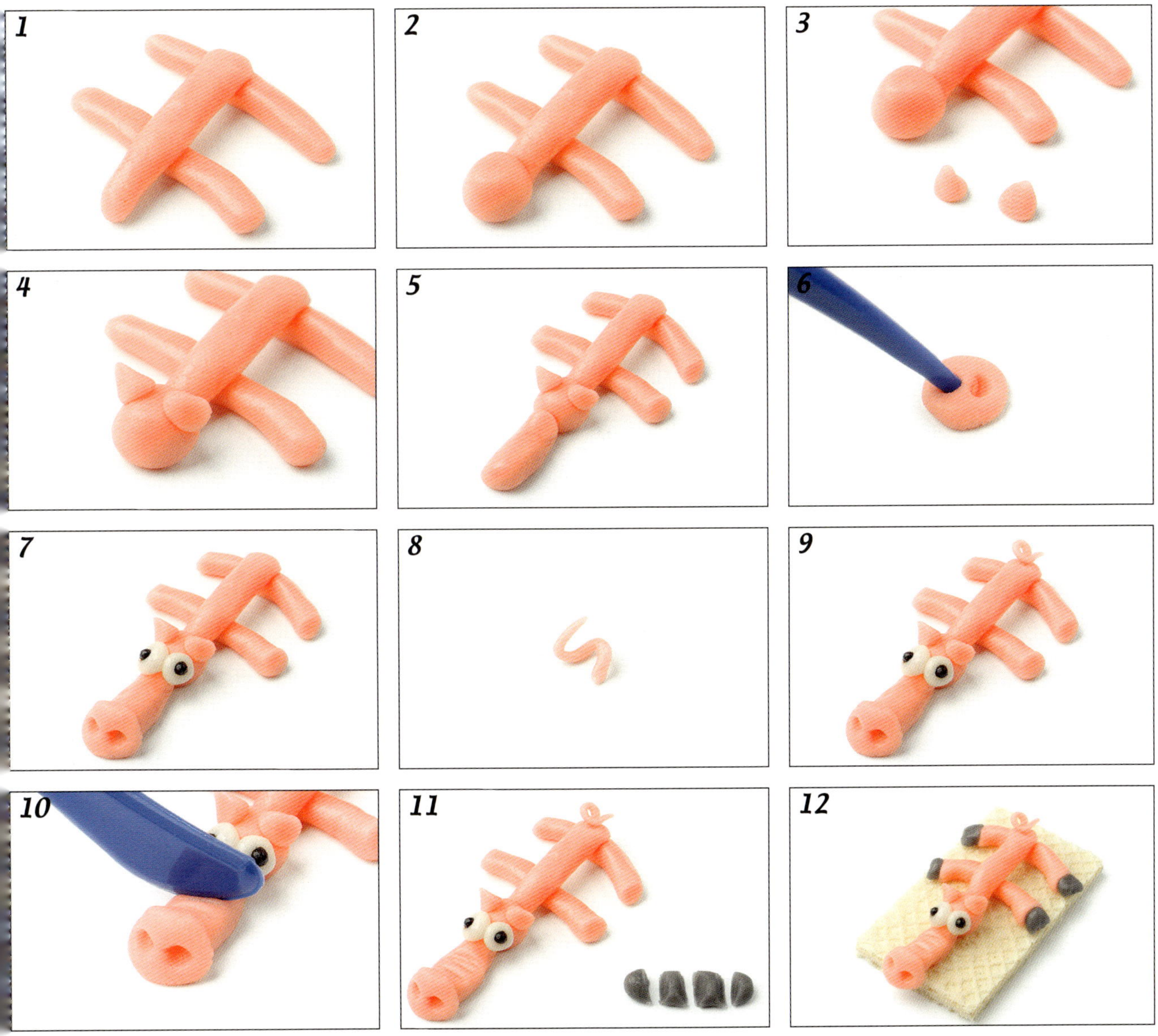

Truthahn

1
2
3
4
5
6
7
8
9
10
11
12

Pony

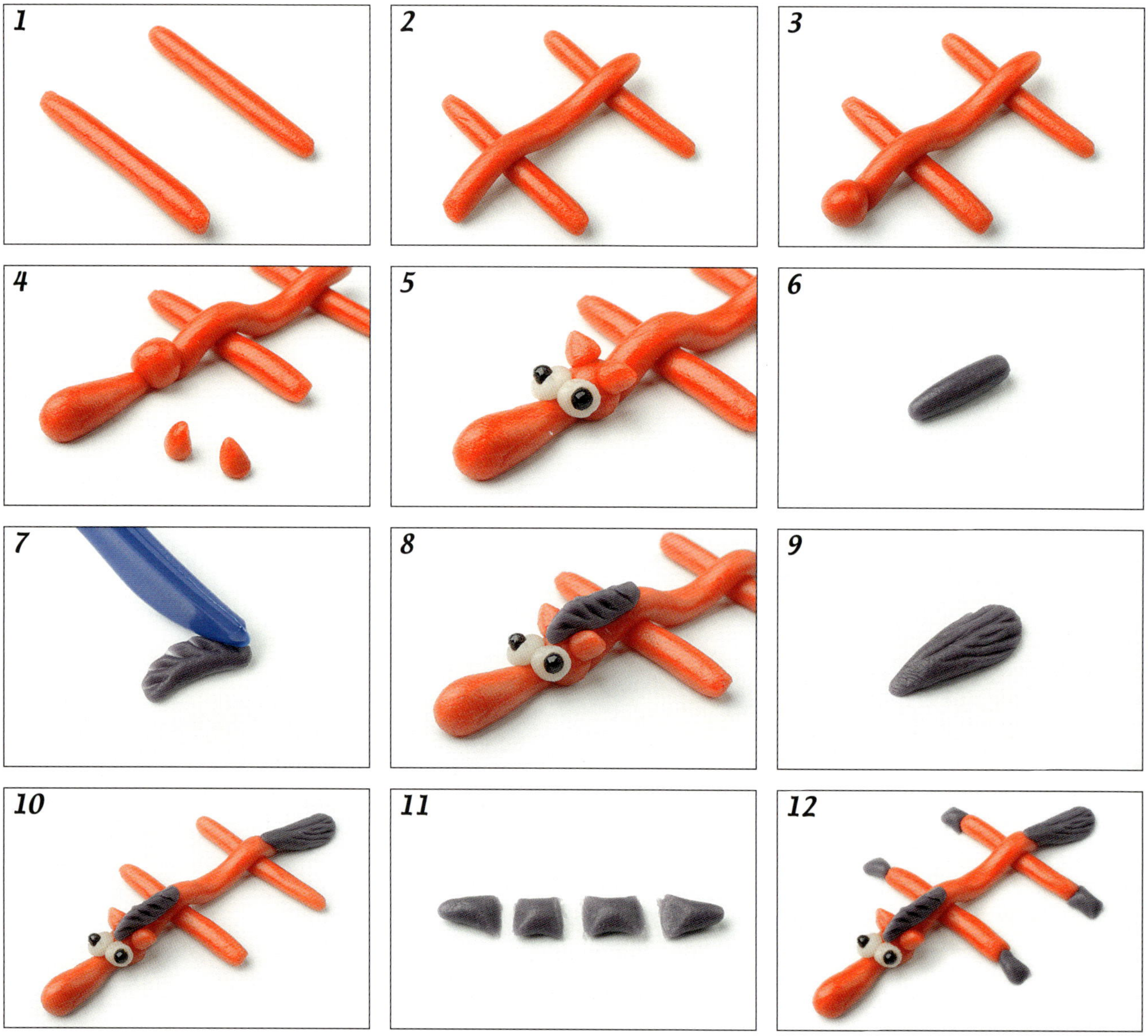

Rind

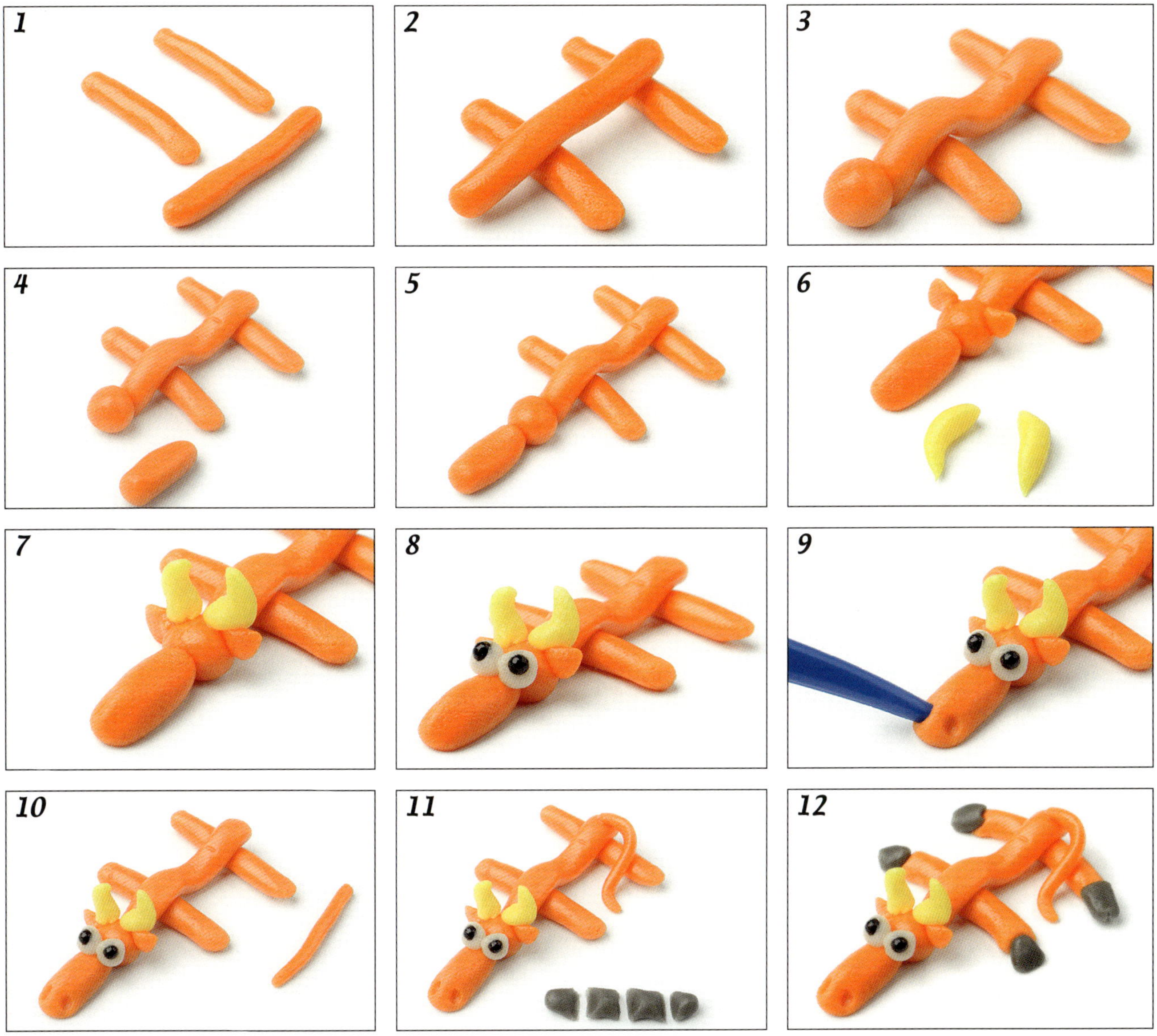

Figuren aus Kegeln

Hamster

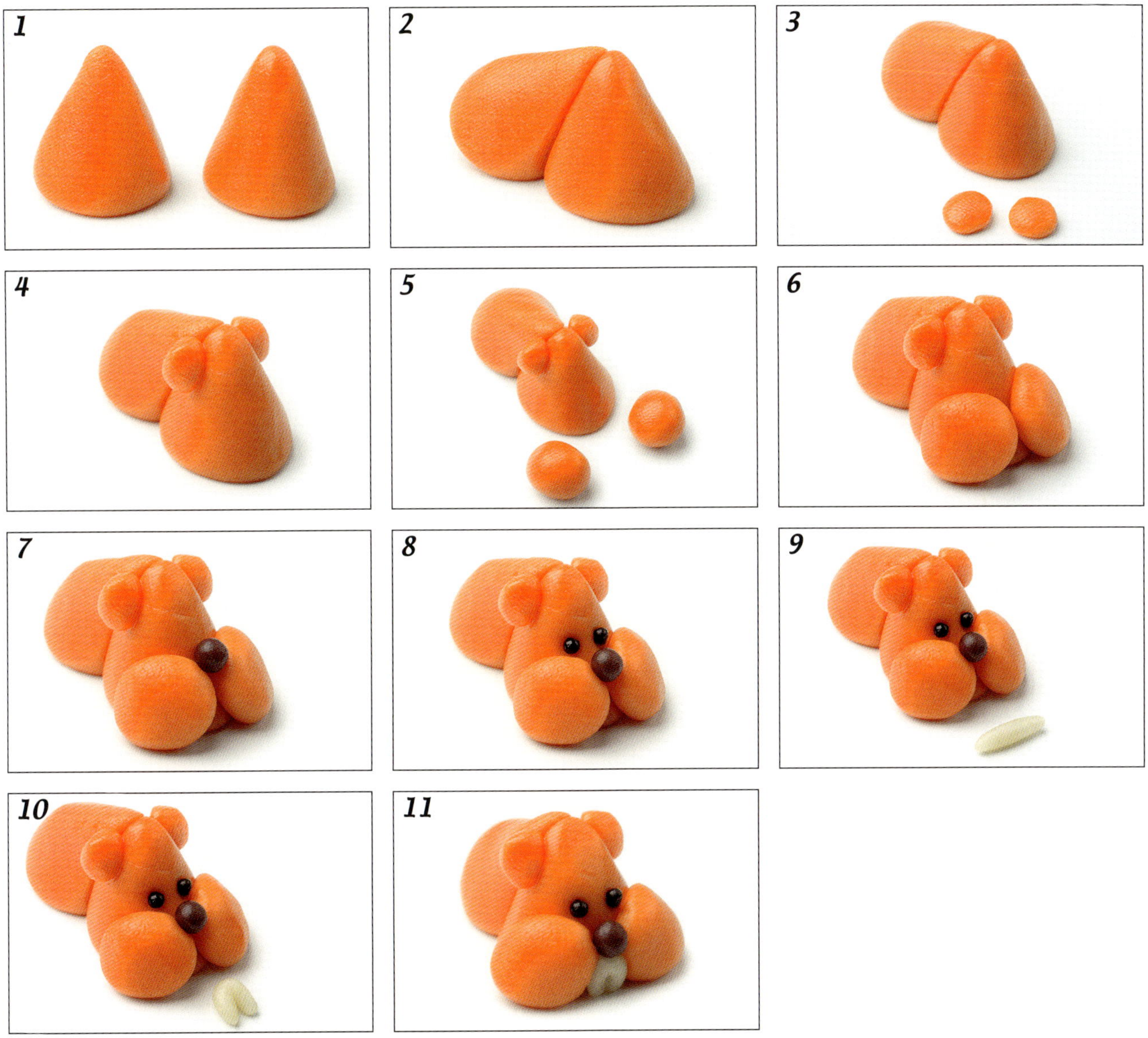
1
2
3
4
5
6
7
8
9
10
11

Hund

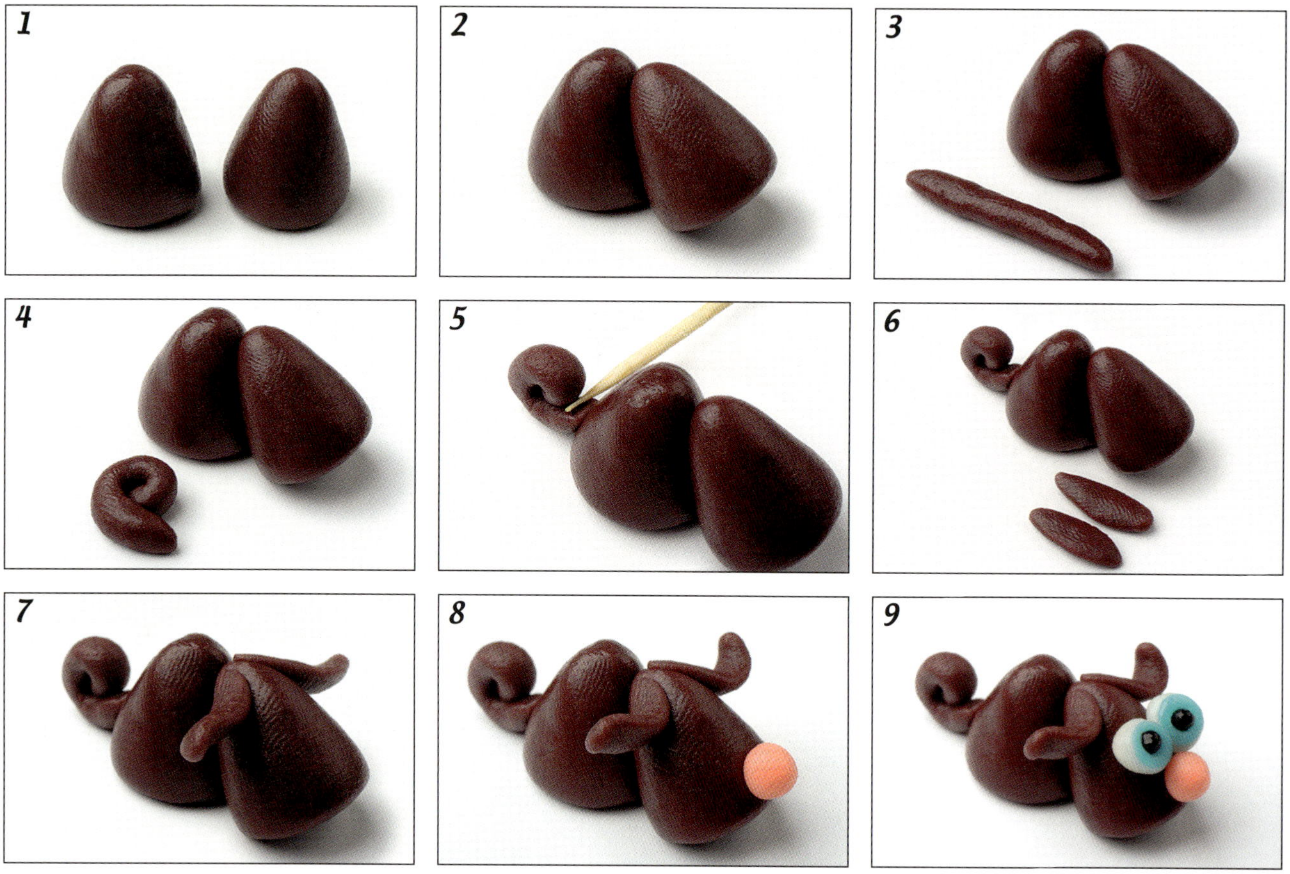

Katze

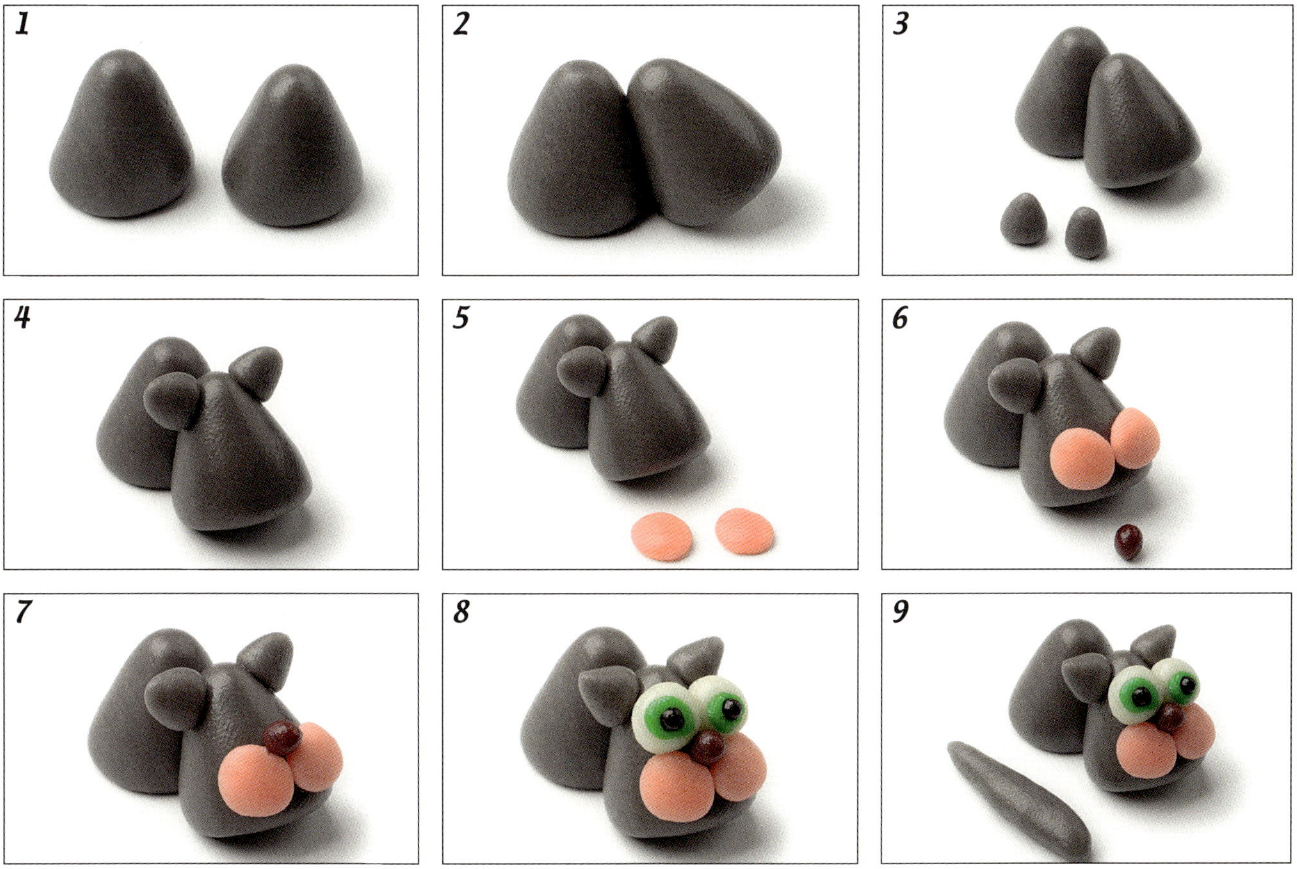

Fisch

1

2

3

4

5

6

7

8
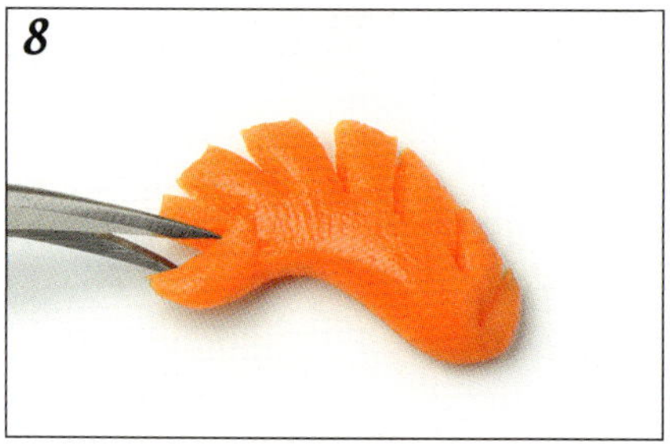

9

Schildkröte

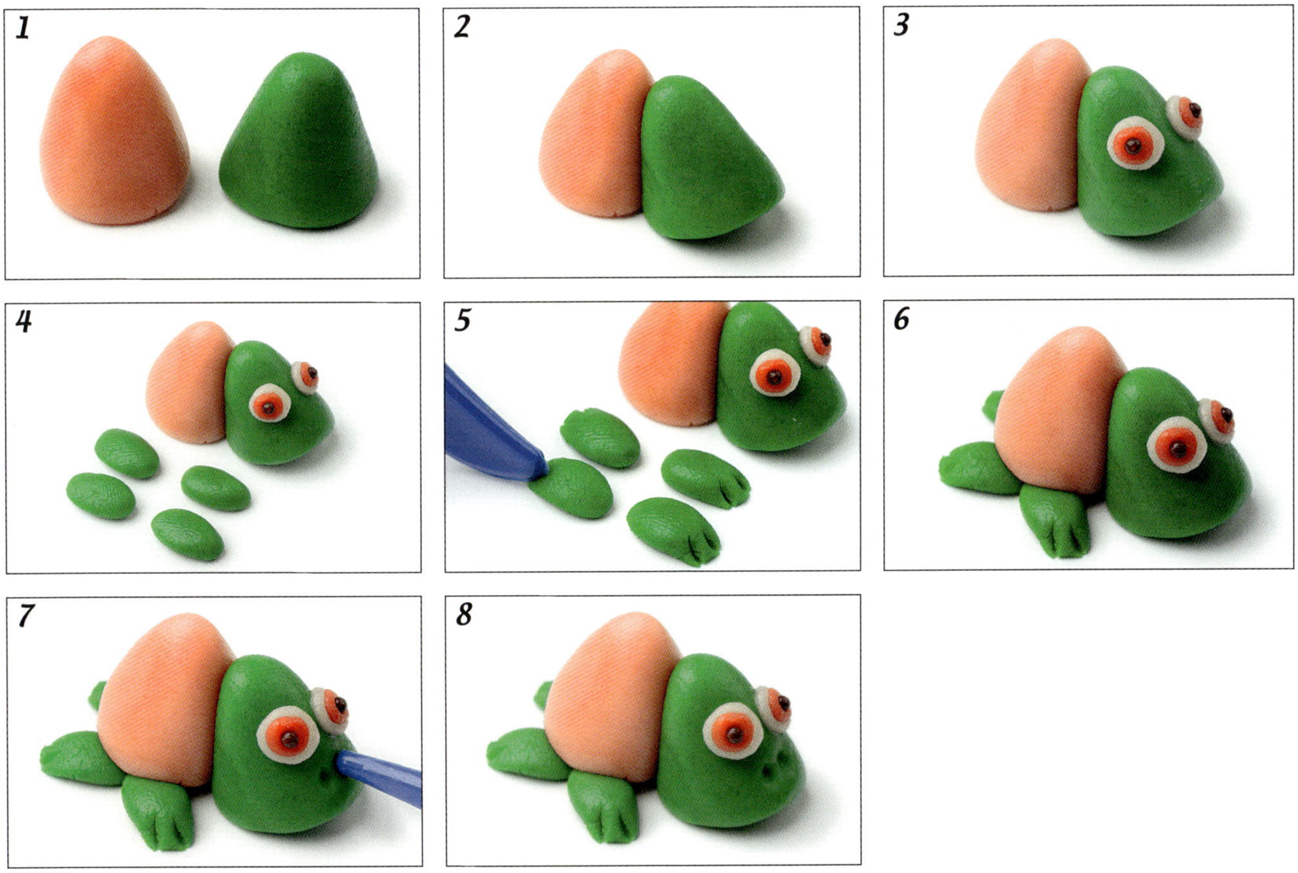

Königssittich

1

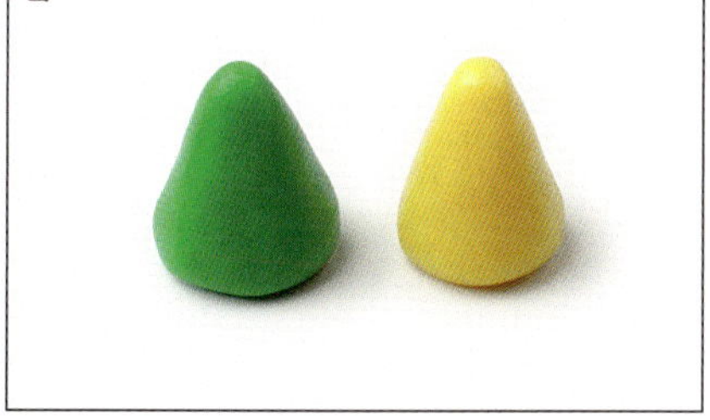

2

3

4

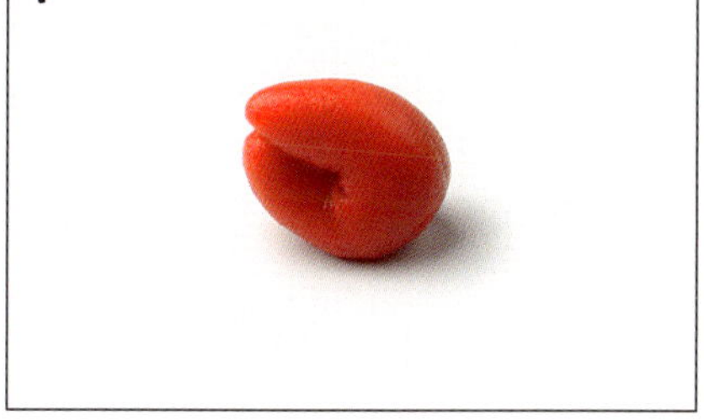

5

6

7

8

9

10

11

12

13

14

Fächerpapagei

1

2

3

4

5

6

7

8

9

10

11

12

Grünflügelara

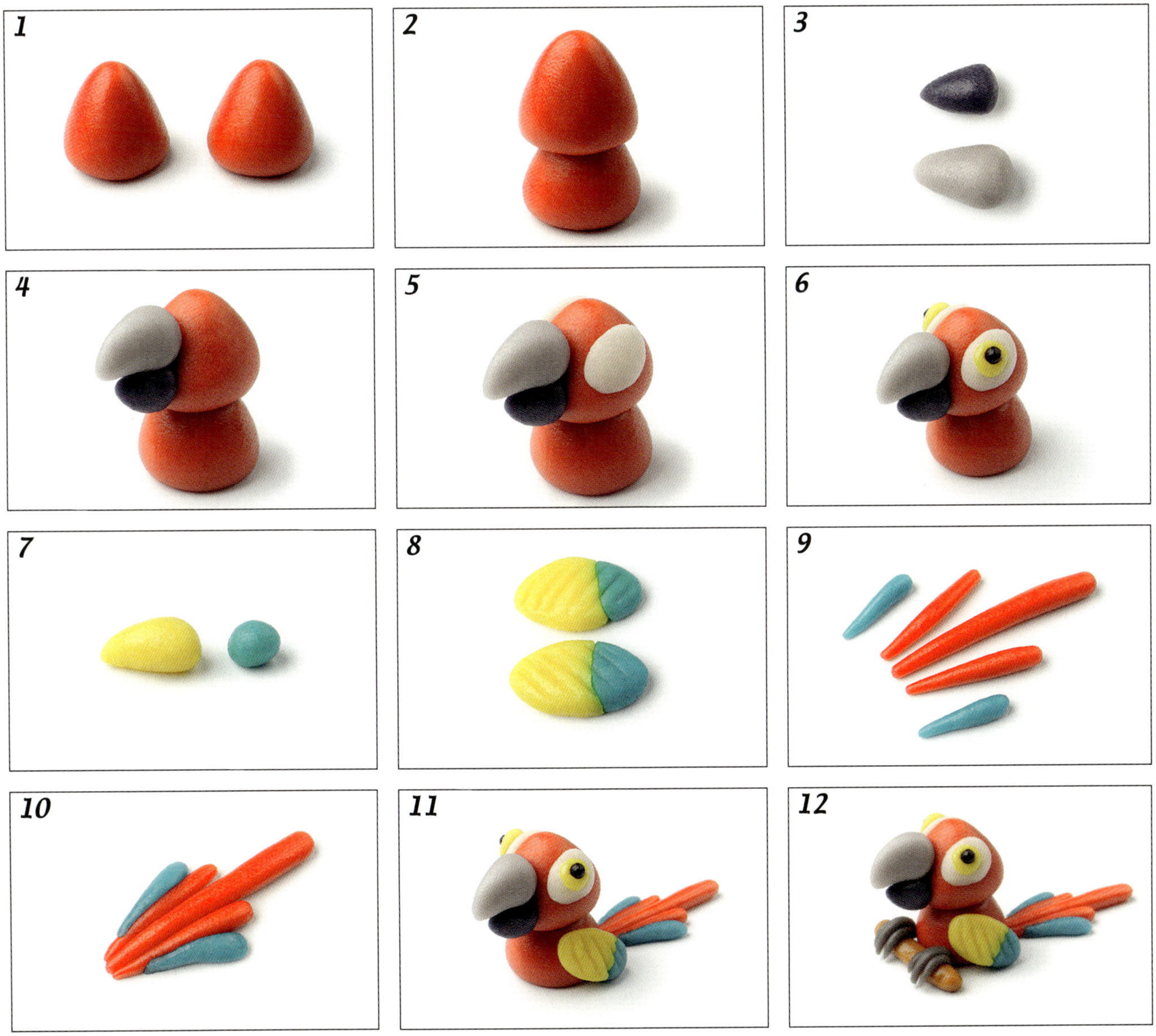

Rosakakadu

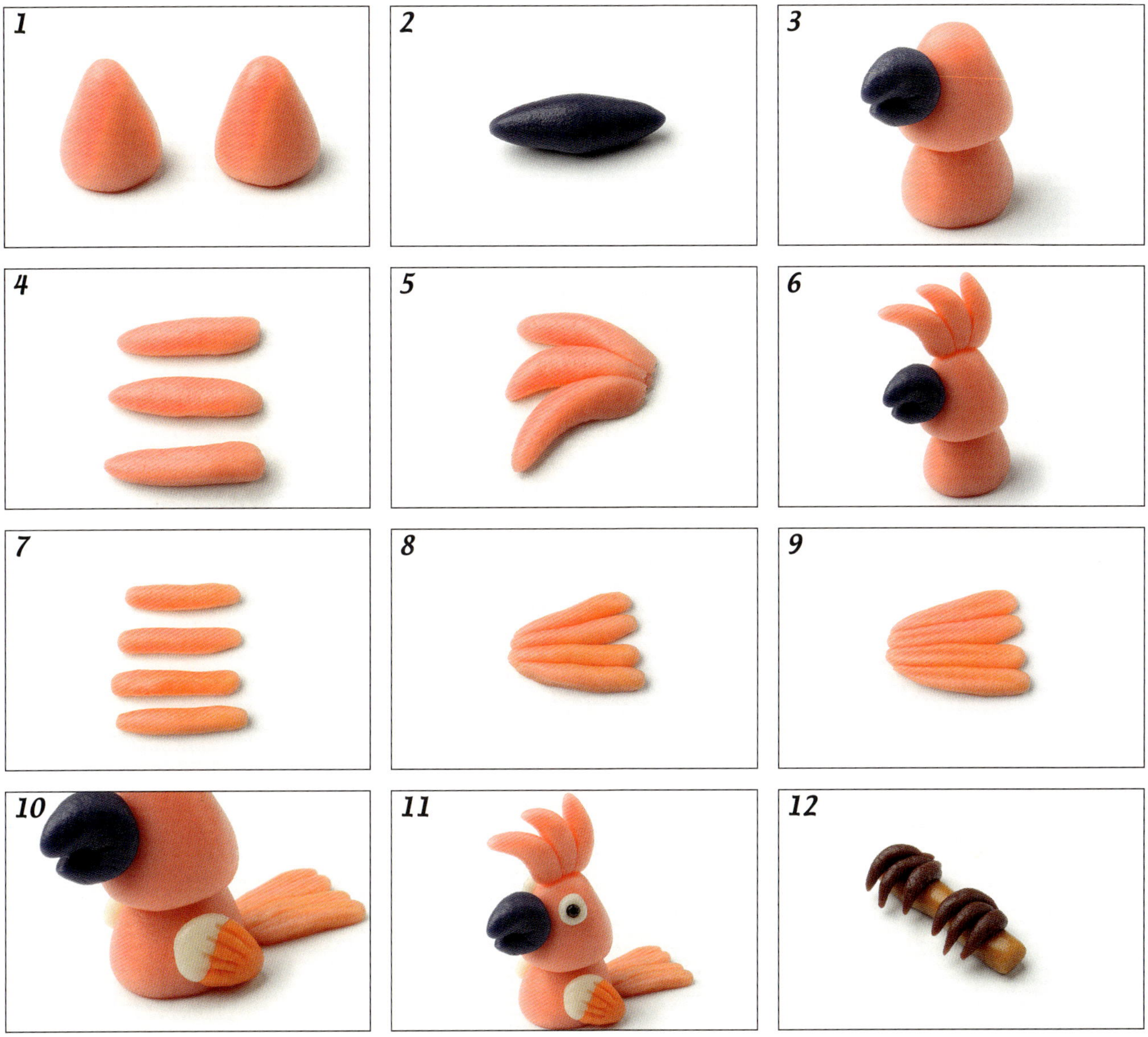
1
2
3
4
5
6
7
8
9
10
11
12

Figuren aus Pyramiden

Maus

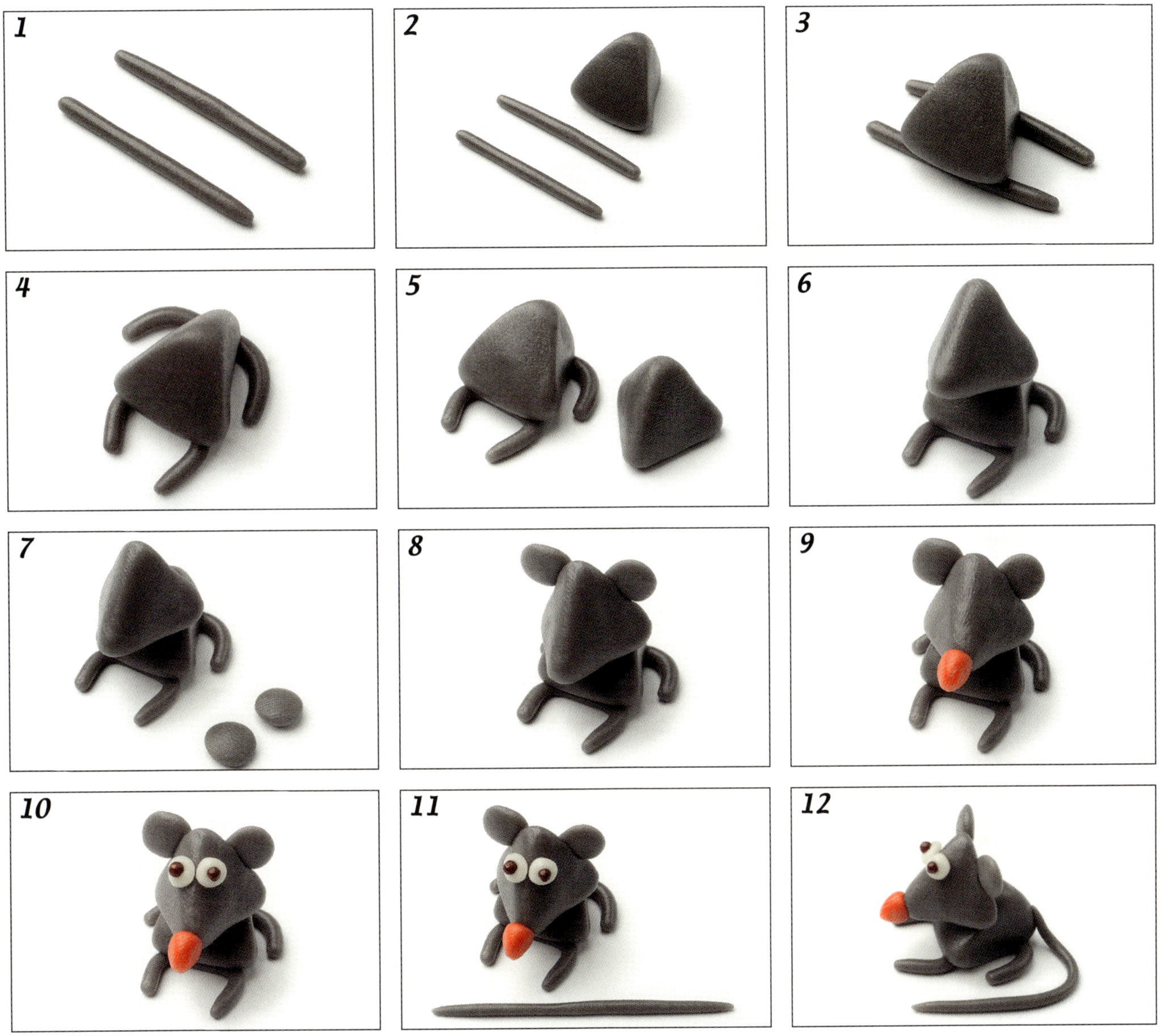
1
2
3
4
5
6
7
8
9
10
11
12

Kuh

1

2
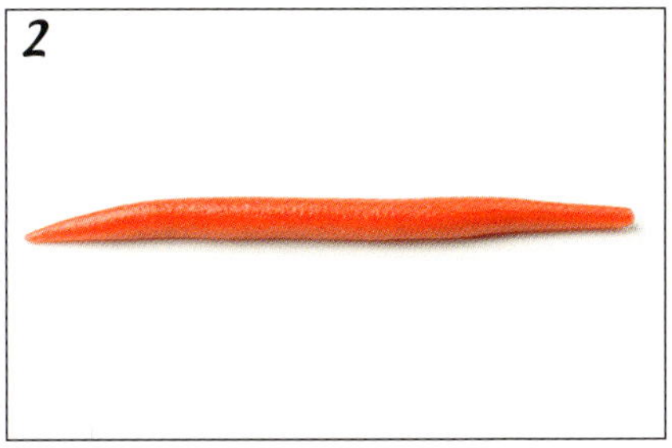
3

4
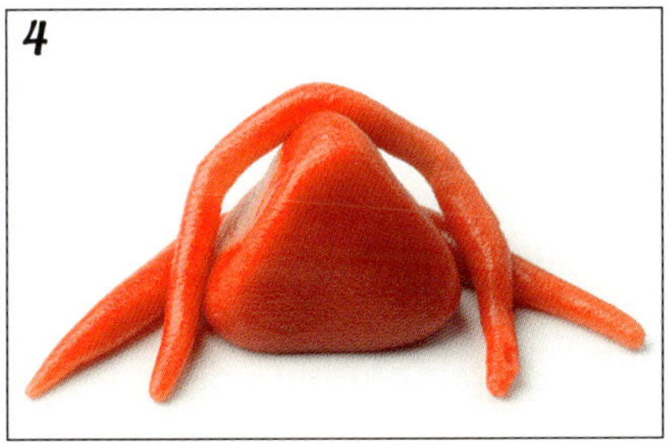
5
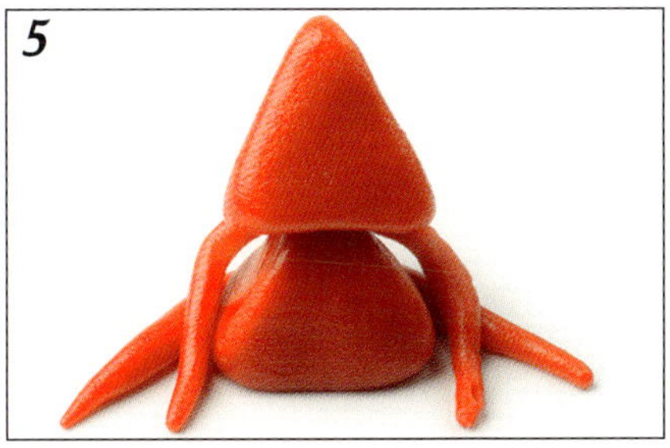
6
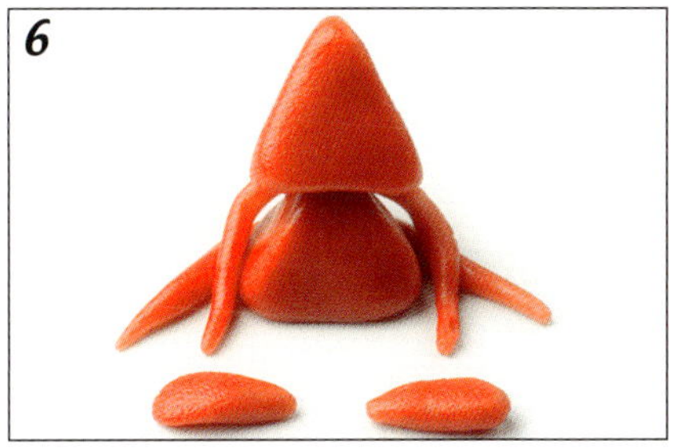
7

8
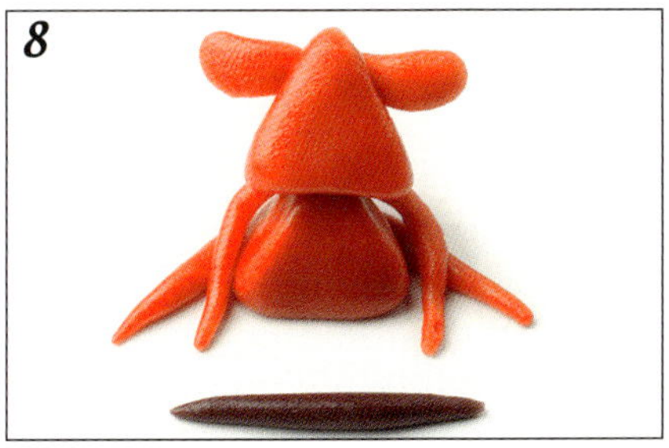
9

10

11

12

13

Tiger

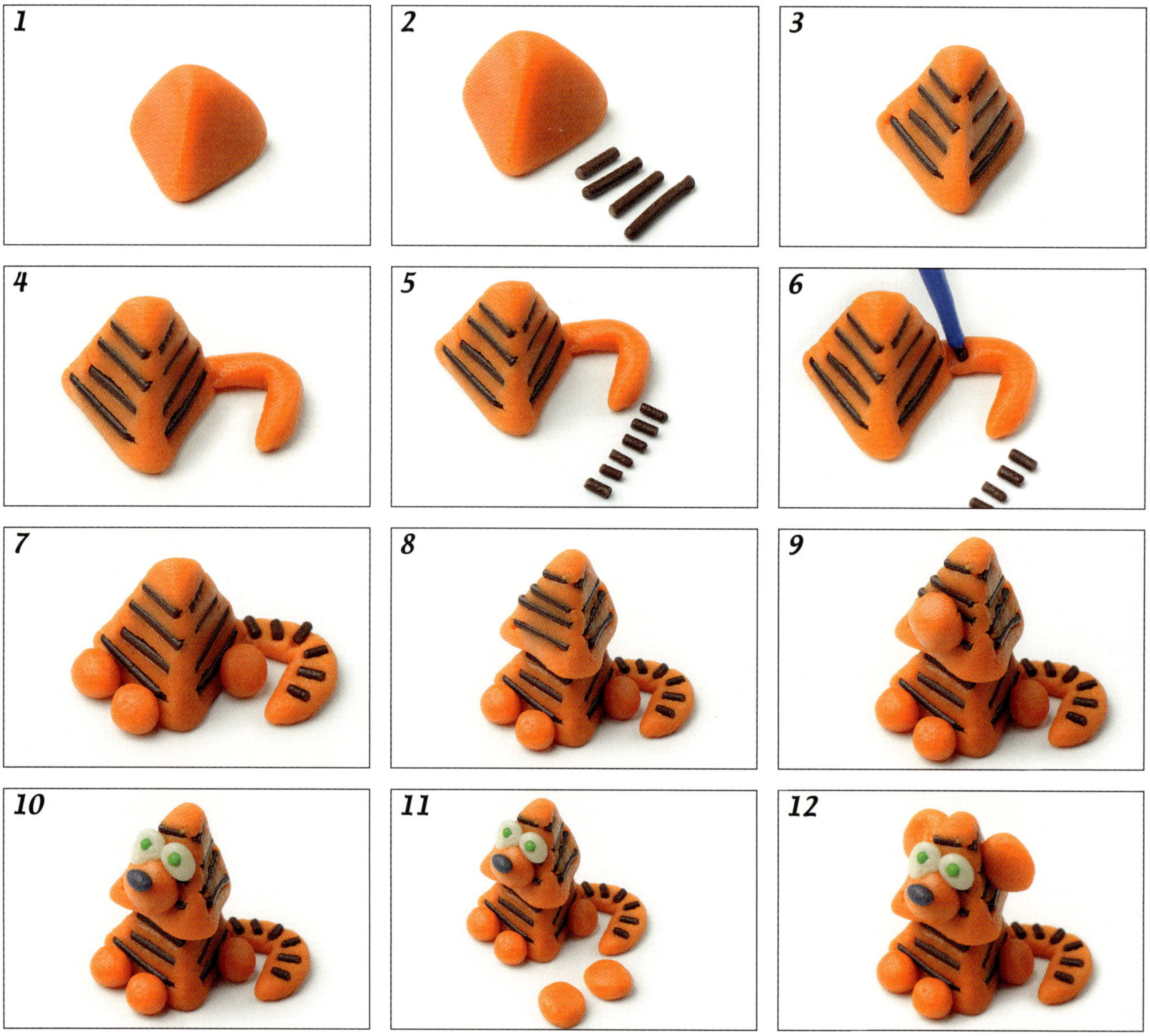

Hase

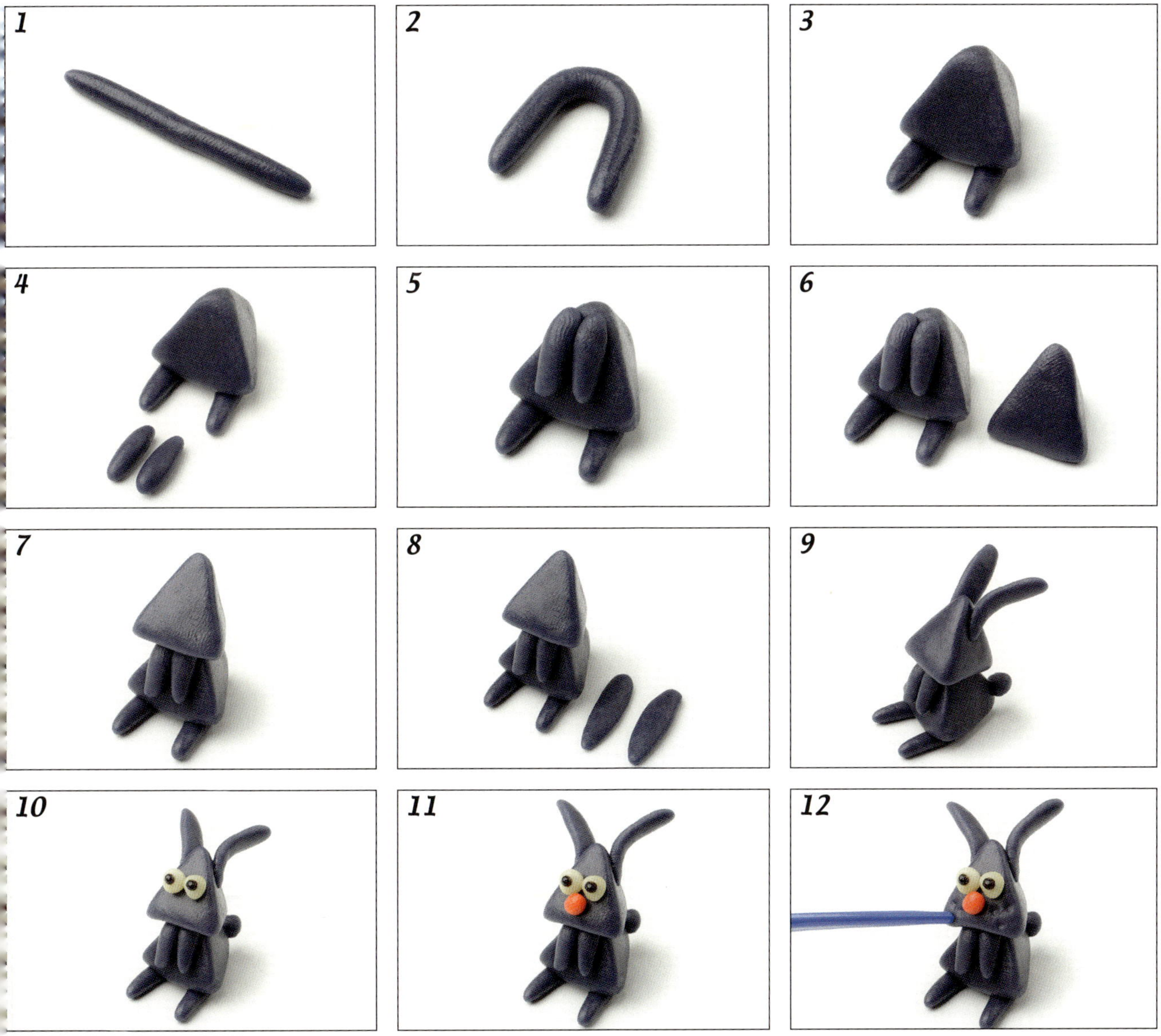

Drache

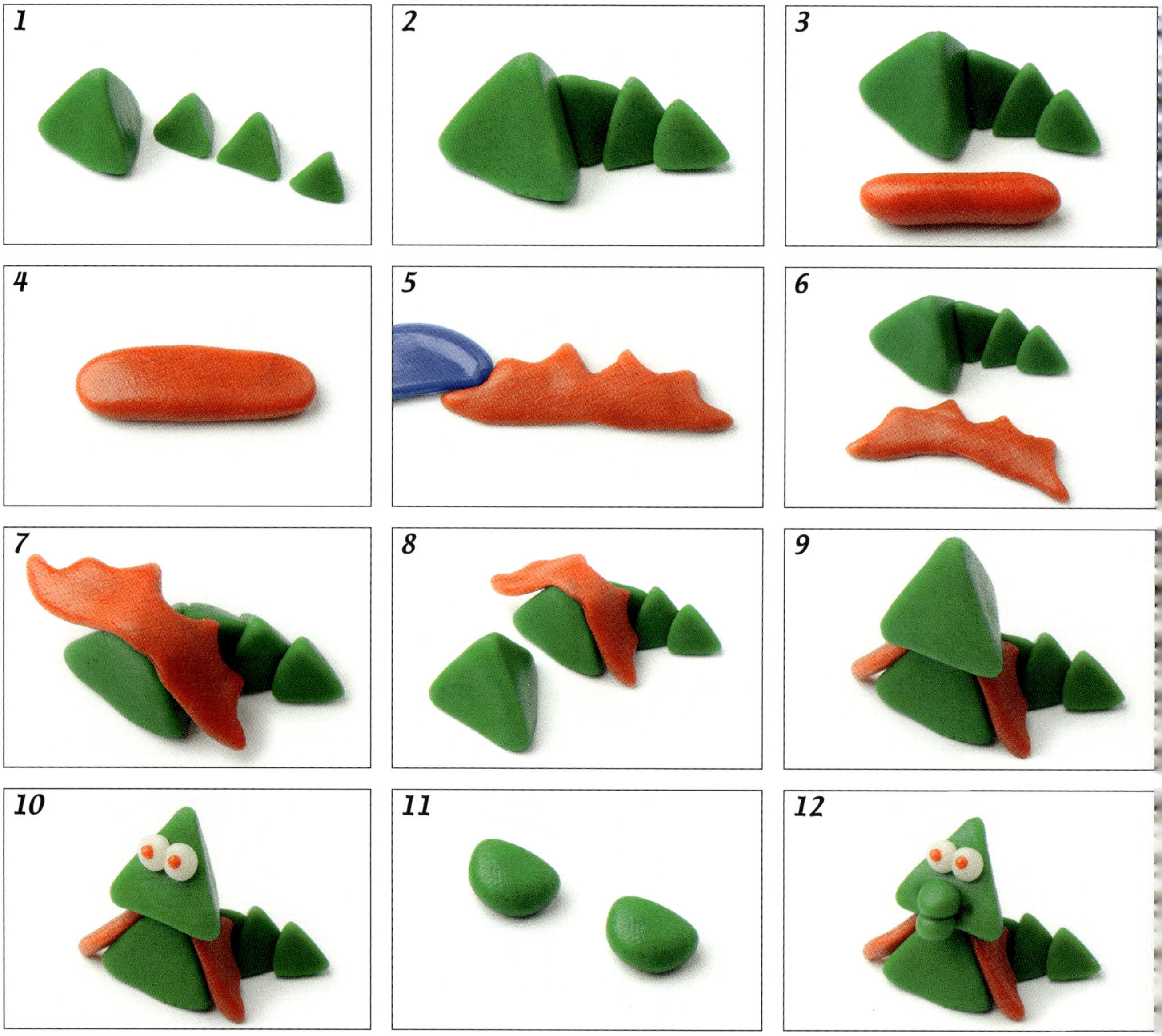

Schlange

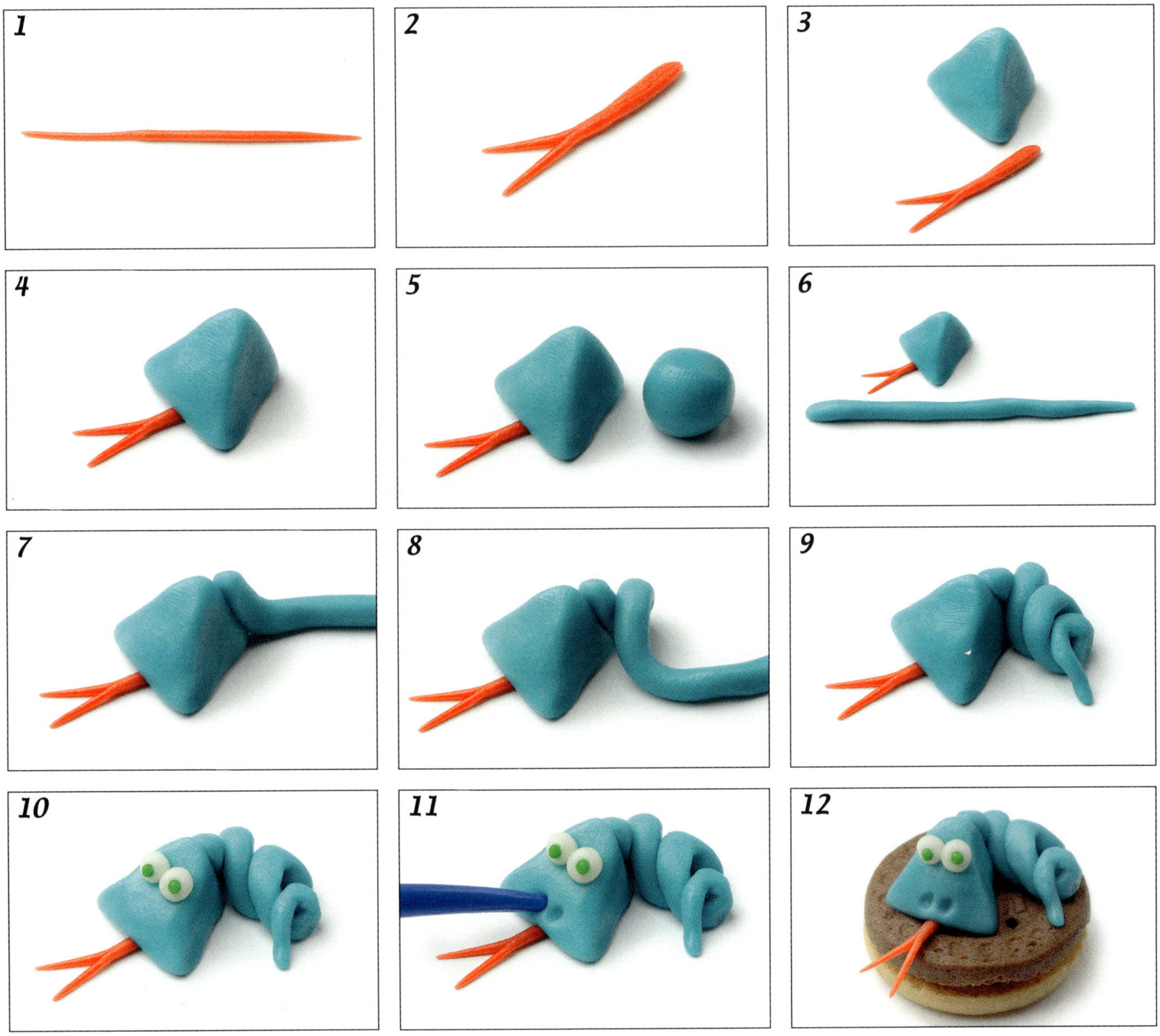

Pferd

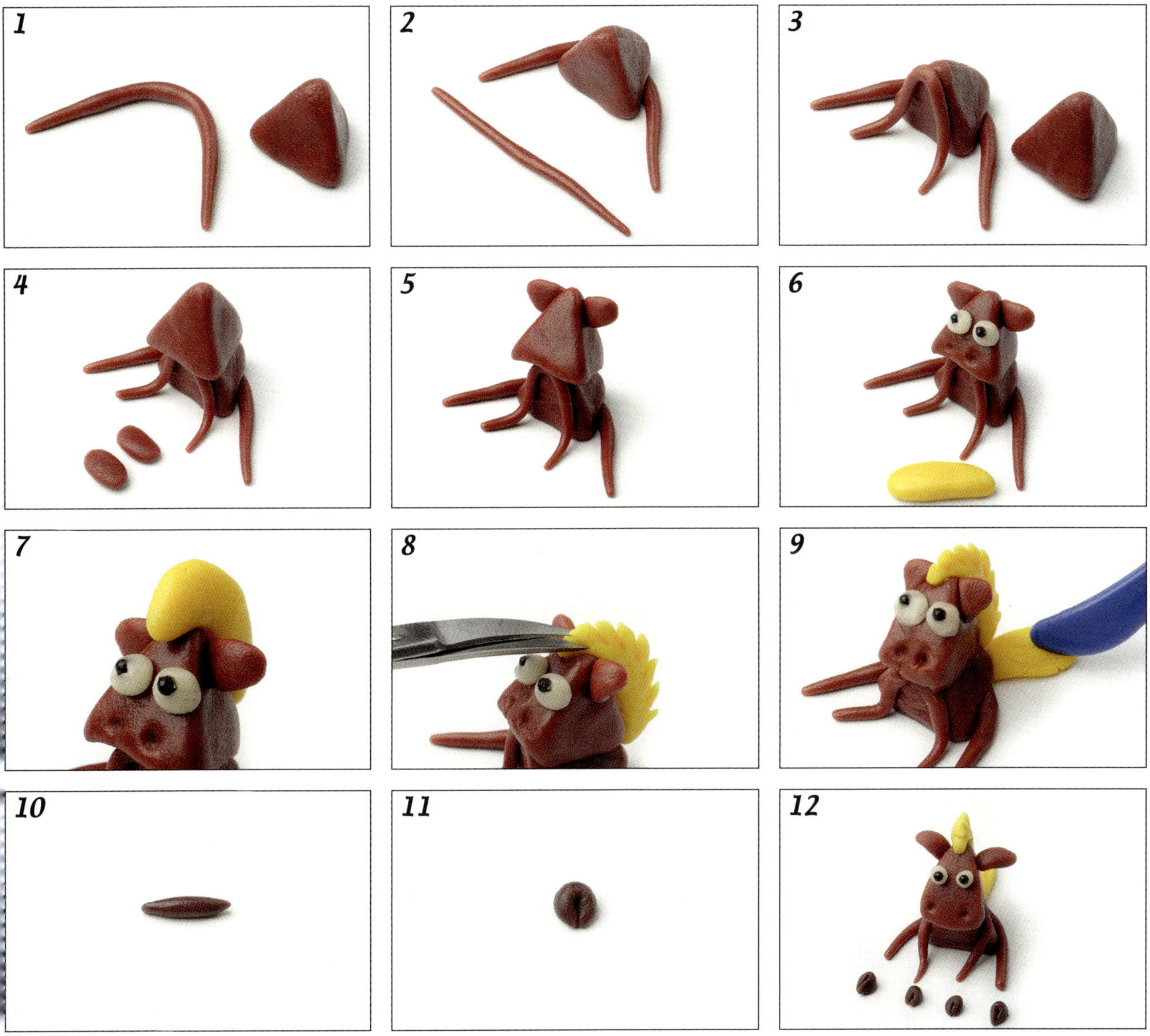
1
2
3
4
5
6
7
8
9
10
11
12

Schaf

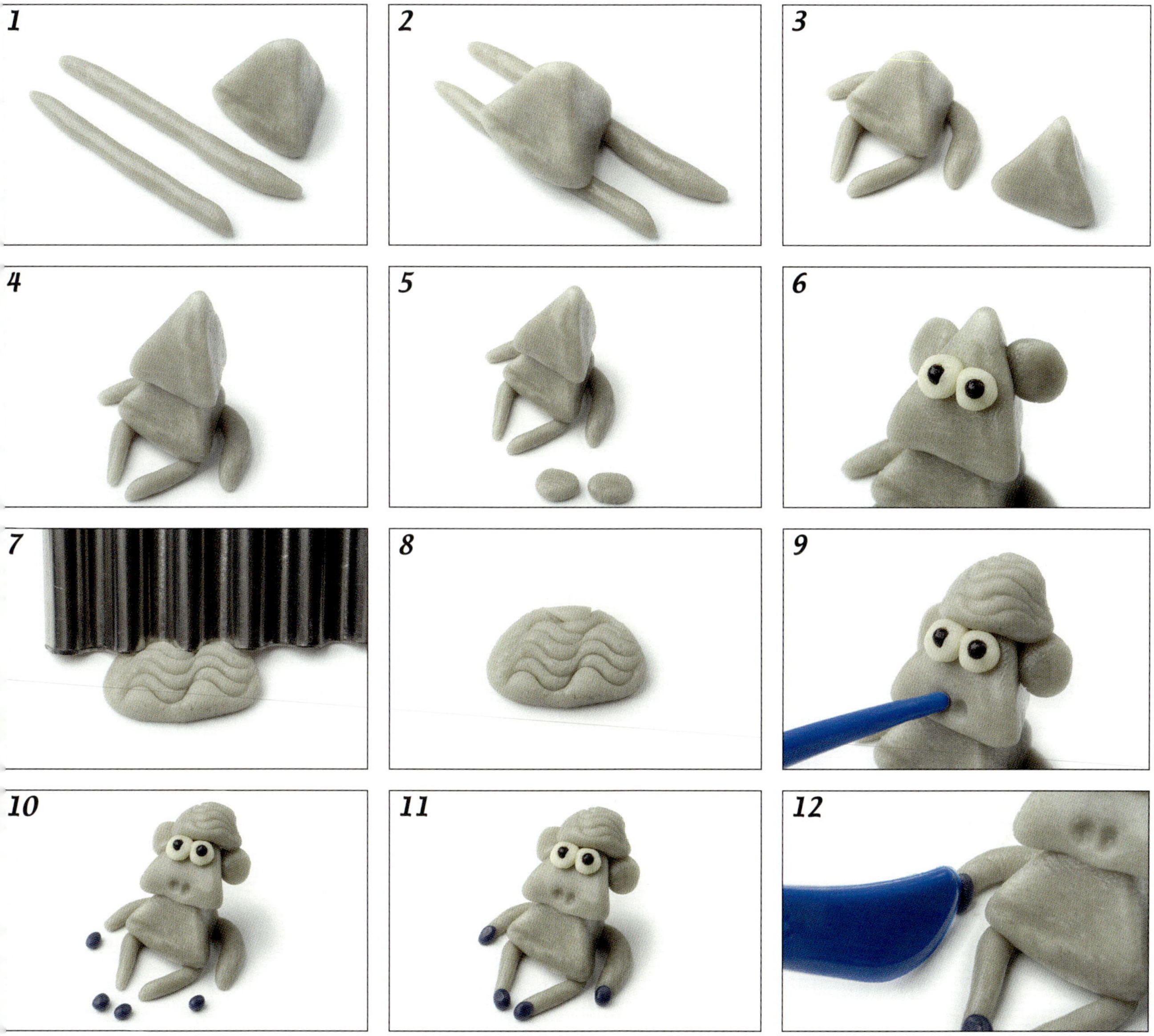
1
2
3
4
5
6
7
8
9
10
11
12

Affe

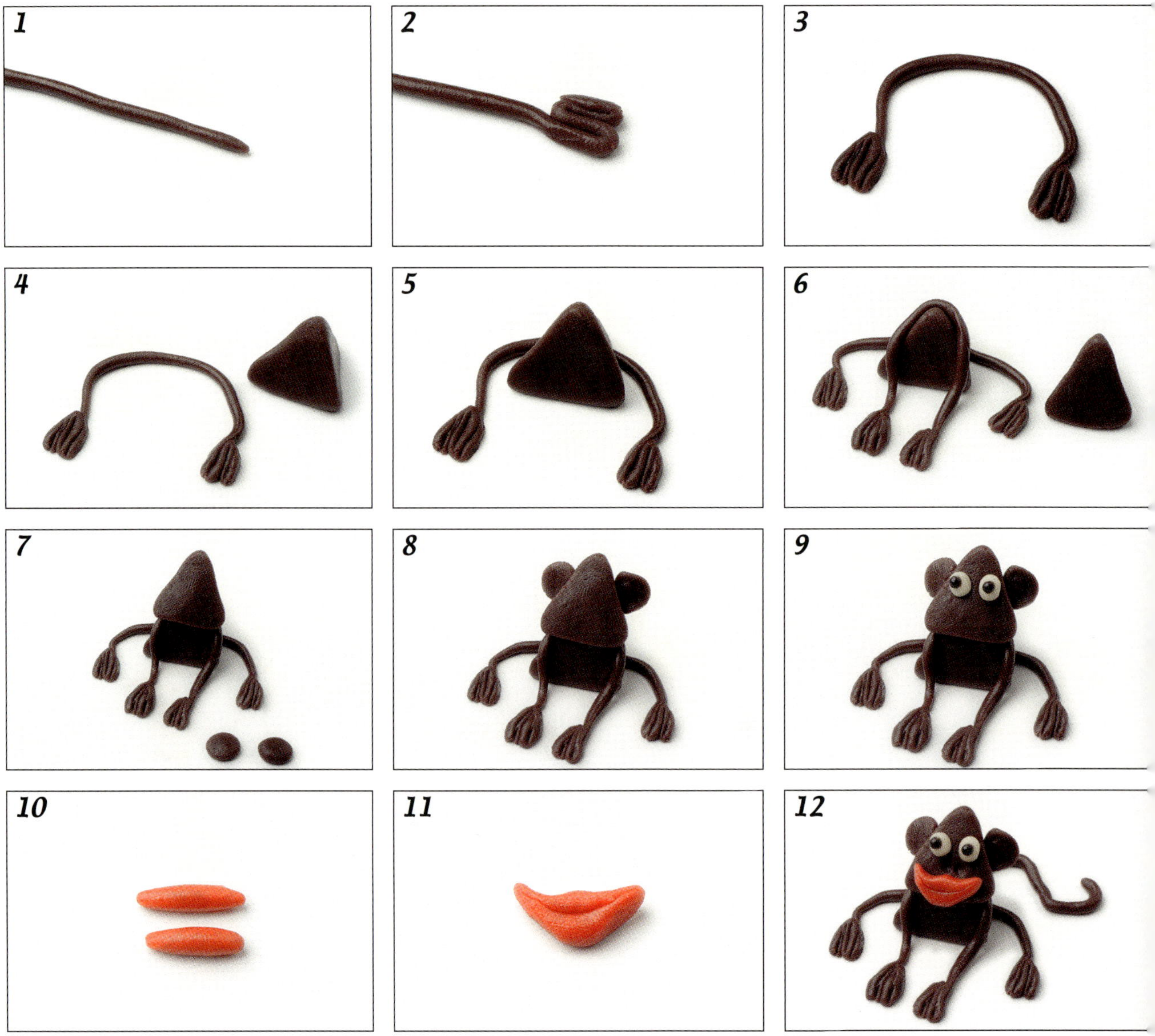

Huhn

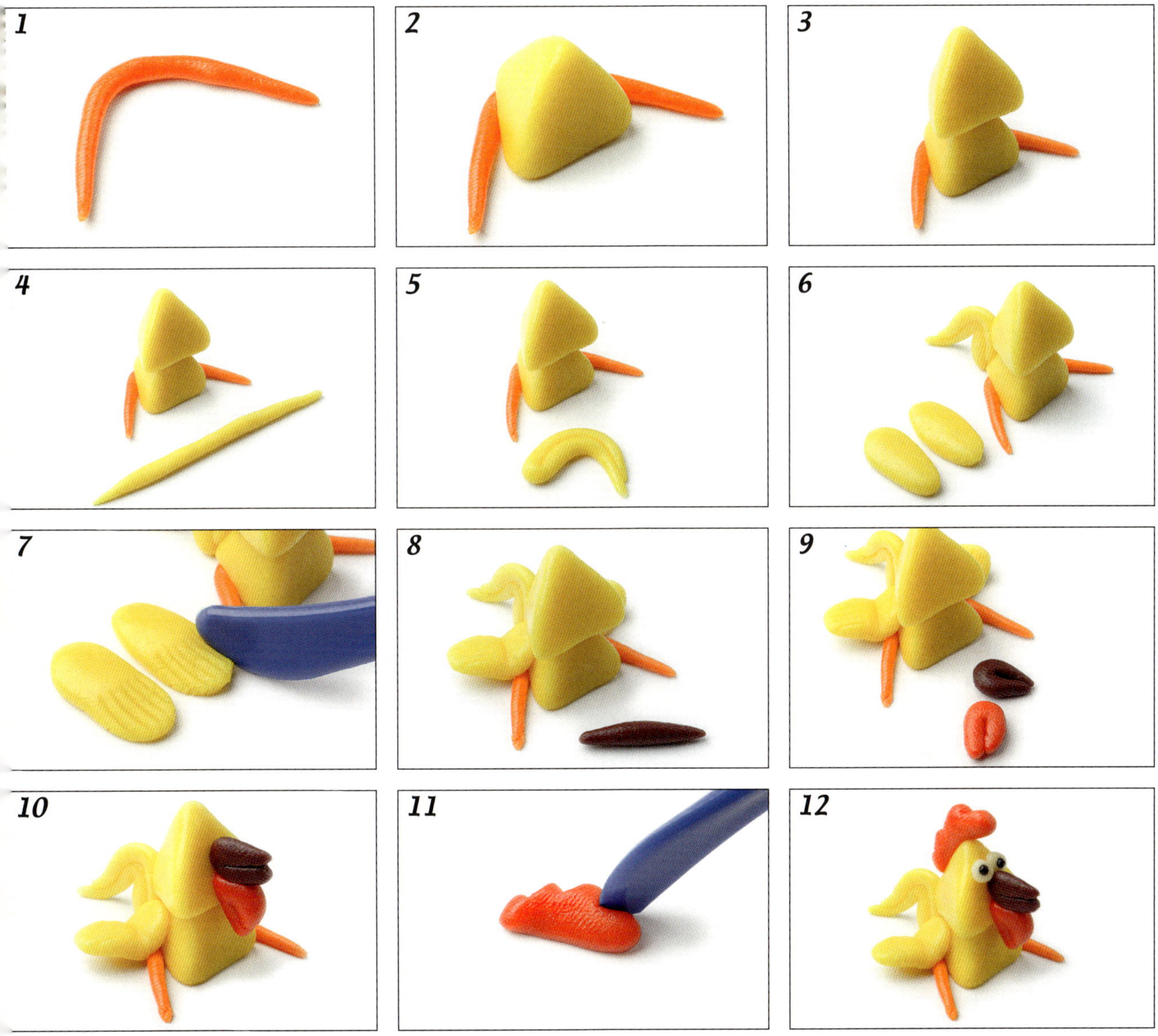

Hund

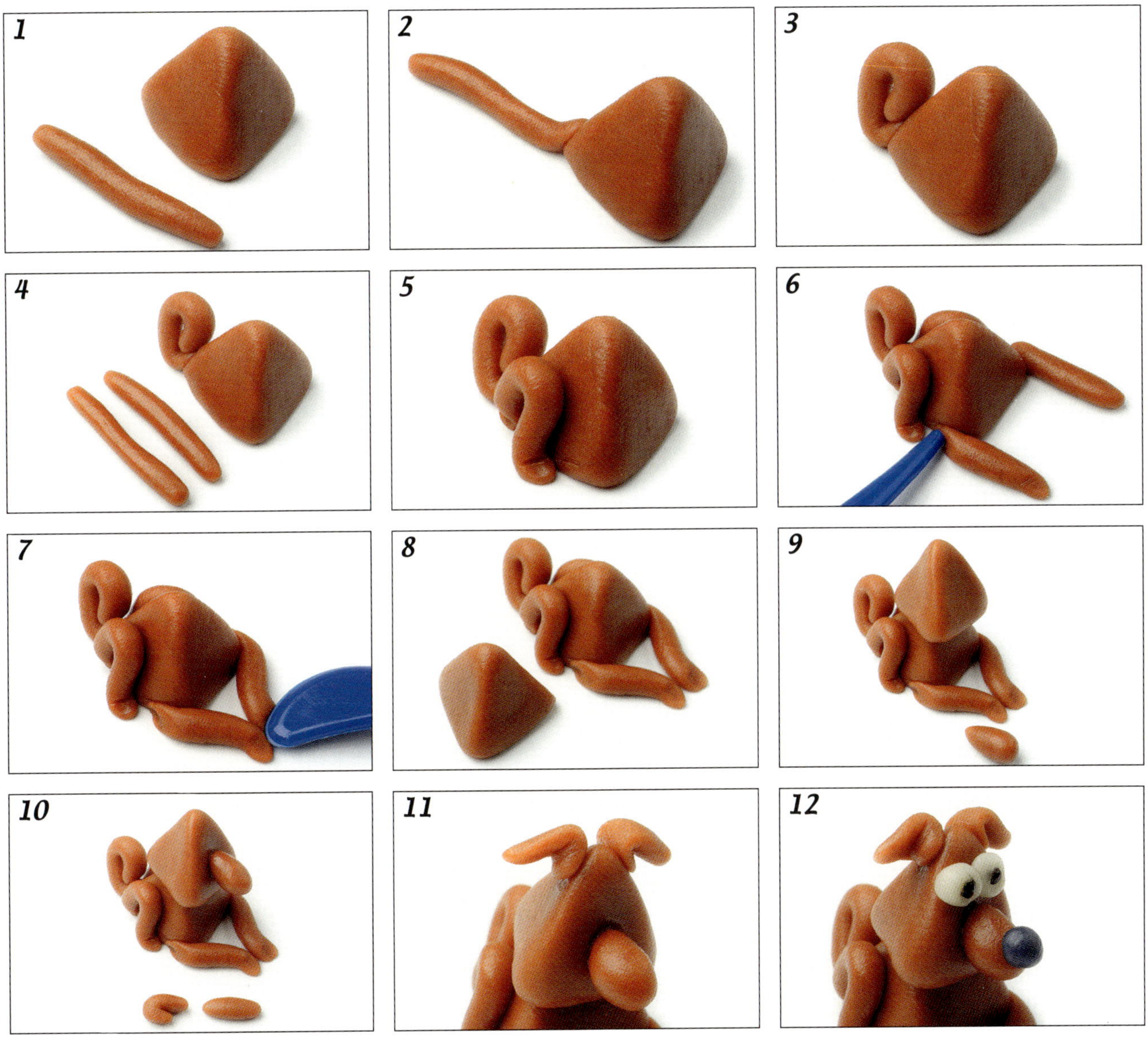
1
2
3
4
5
6
7
8
9
10
11
12

Schwein

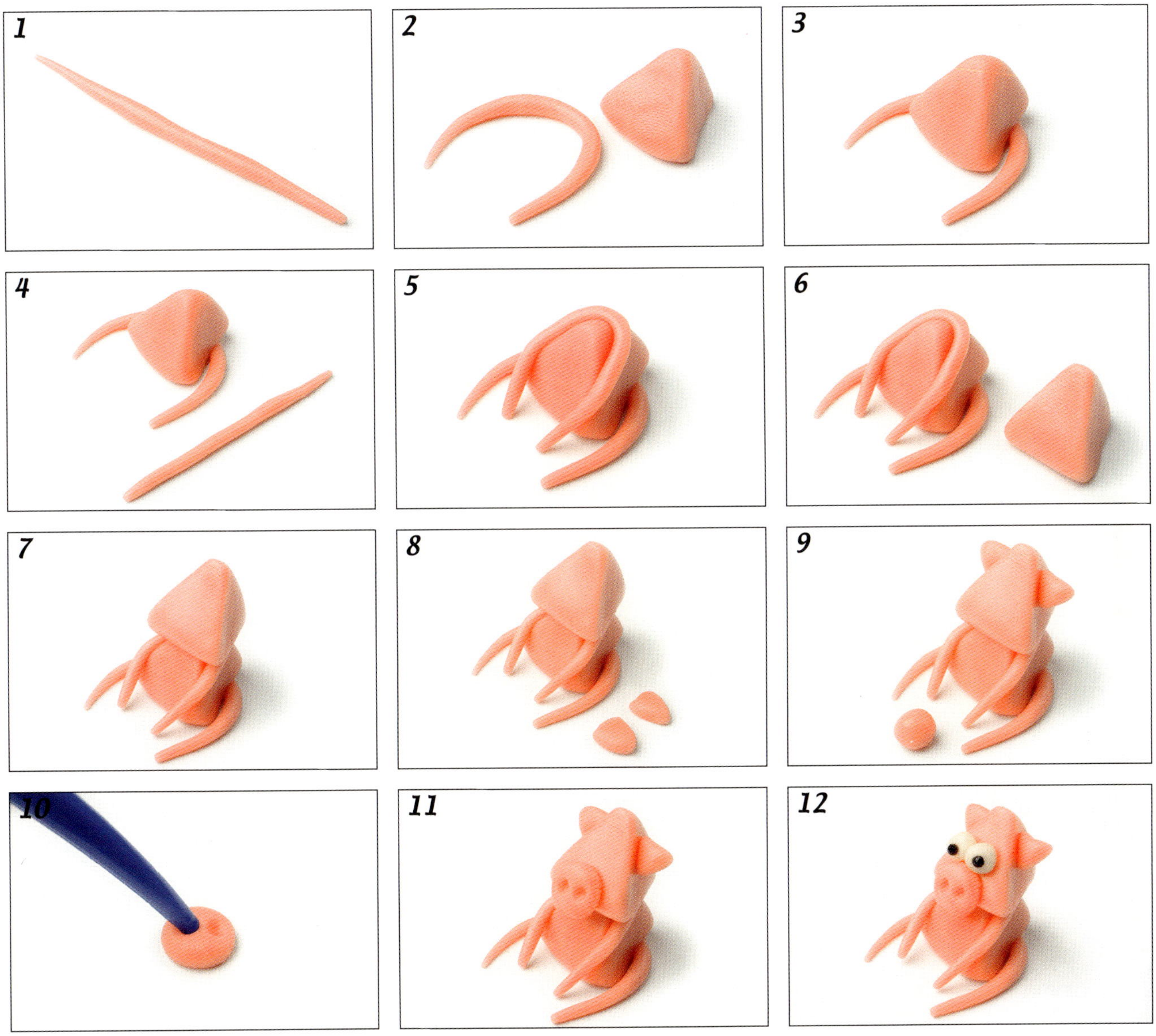
1
2
3
4
5
6
7
8
9
10
11
12

Tiere

Biene

1
2
3
4
5
6
7
8
9
10
11
12

Schwalbenschwanz

1

2

3

4

5

6

7

8

9

10

11

12

Zitronenfalter

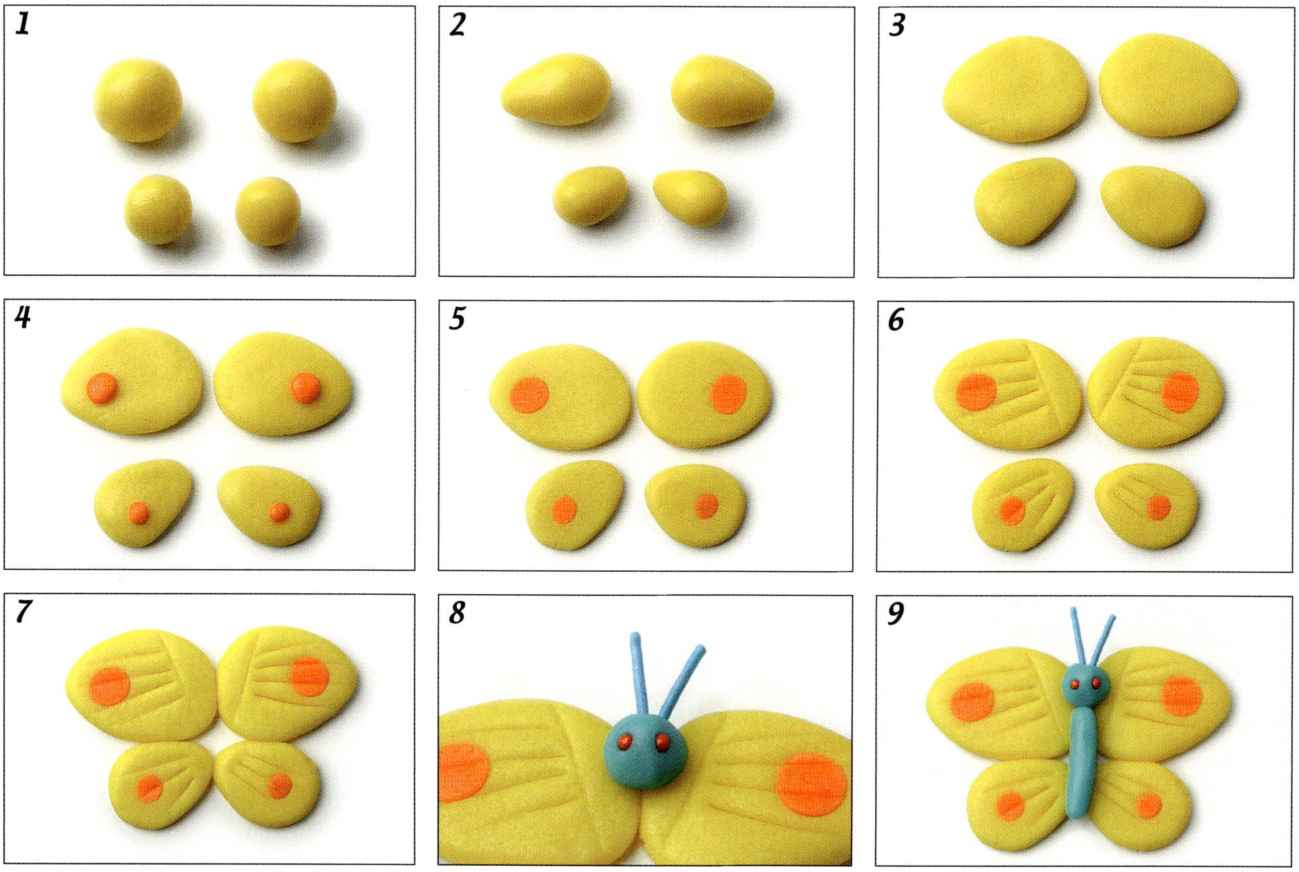

Kleiner Fuchs

1

2

3

4

5

6

7

8

9

10

11

12

Pfauenauge

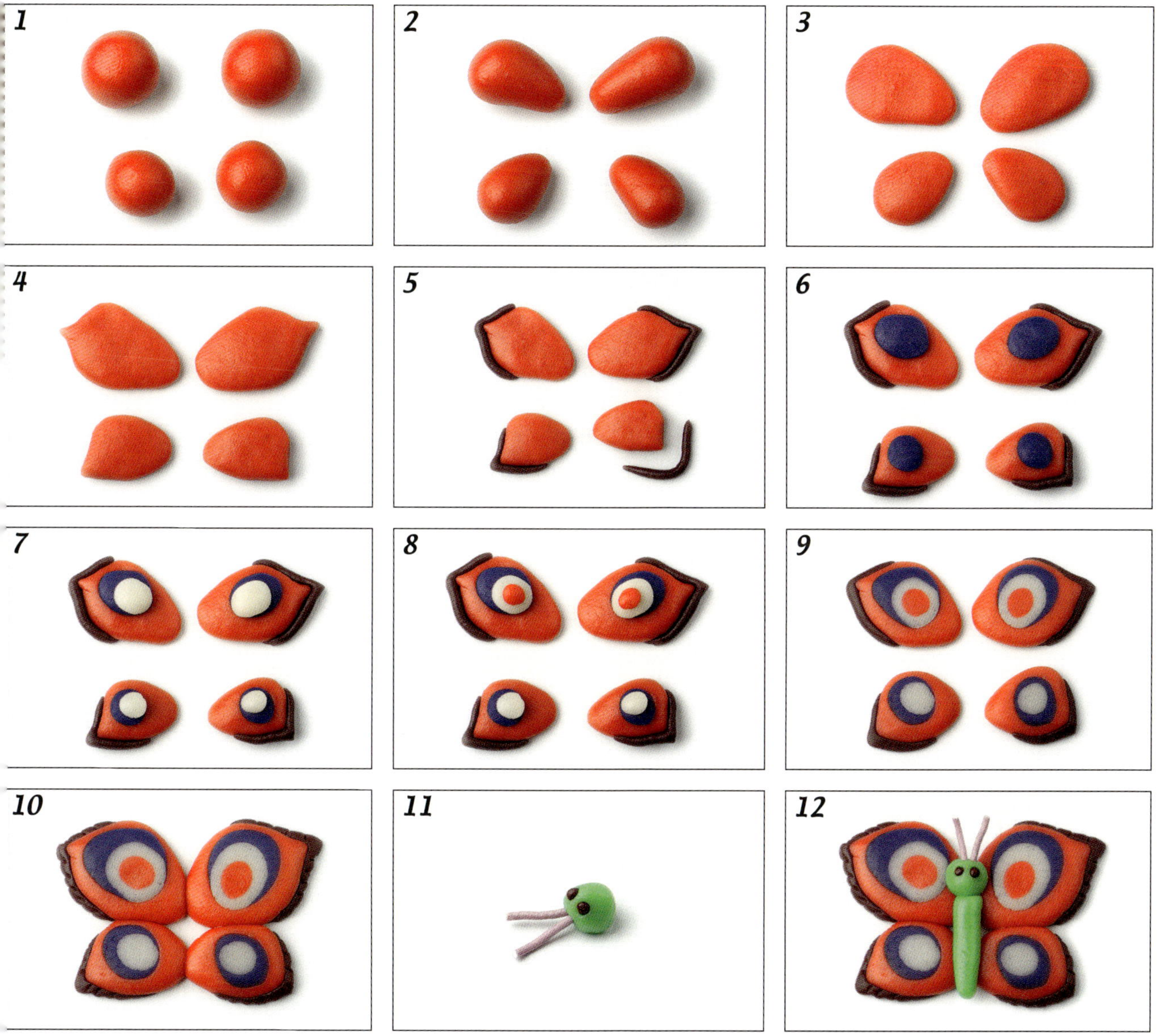
1
2
3
4
5
6
7
8
9
10
11
12

Goldfisch

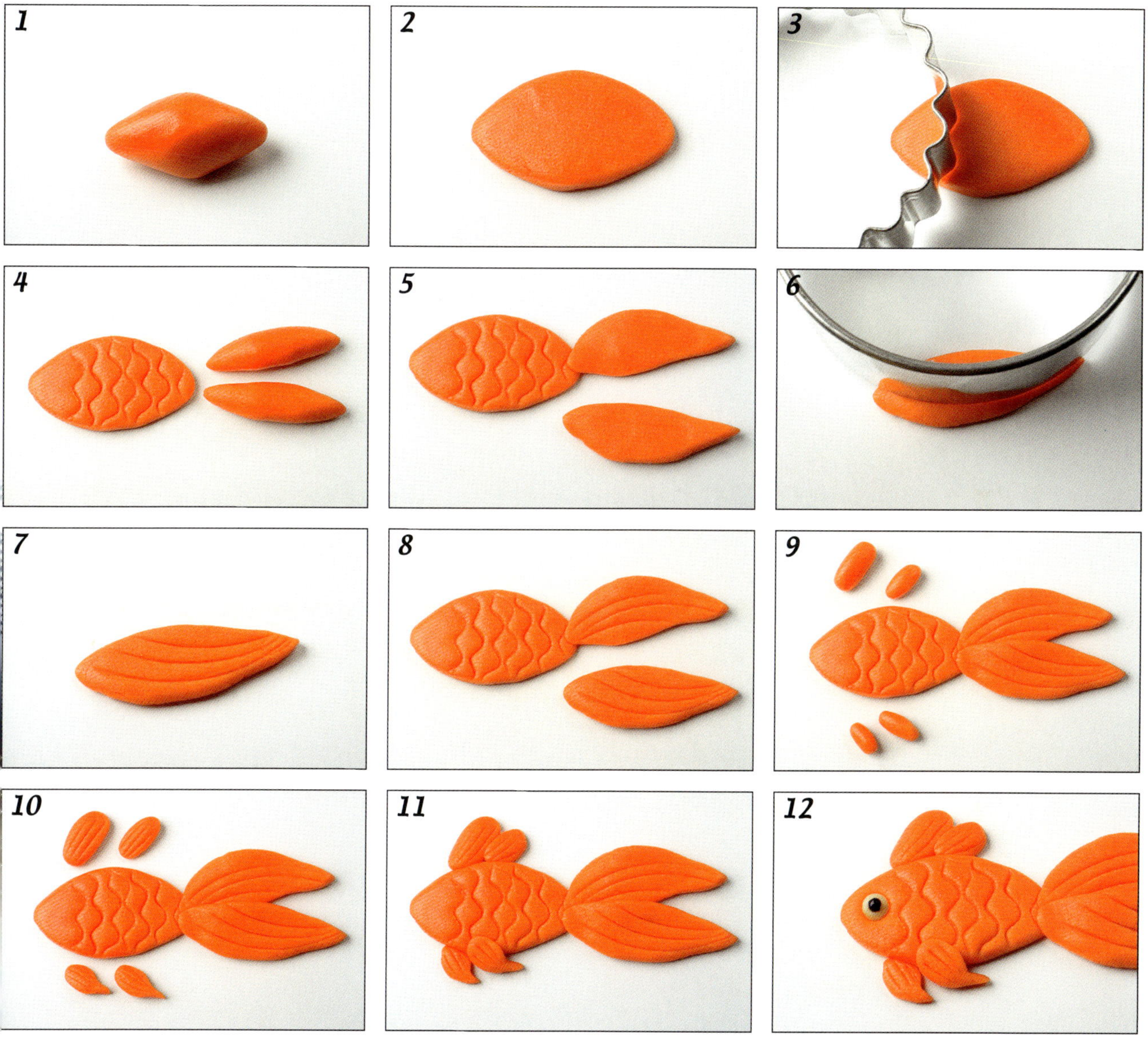
1
2
3
4
5
6
7
8
9
10
11
12

Degenfisch

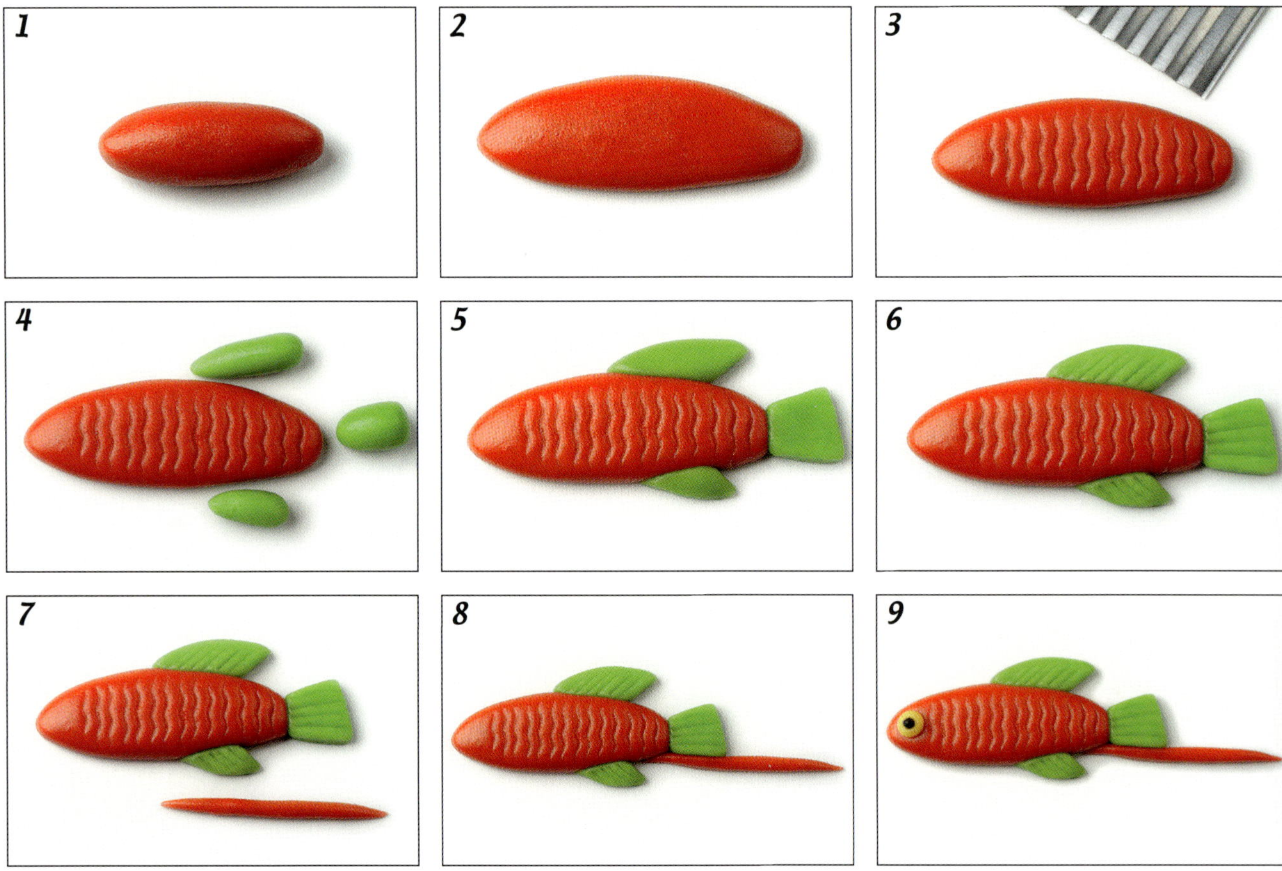

Segelflosser

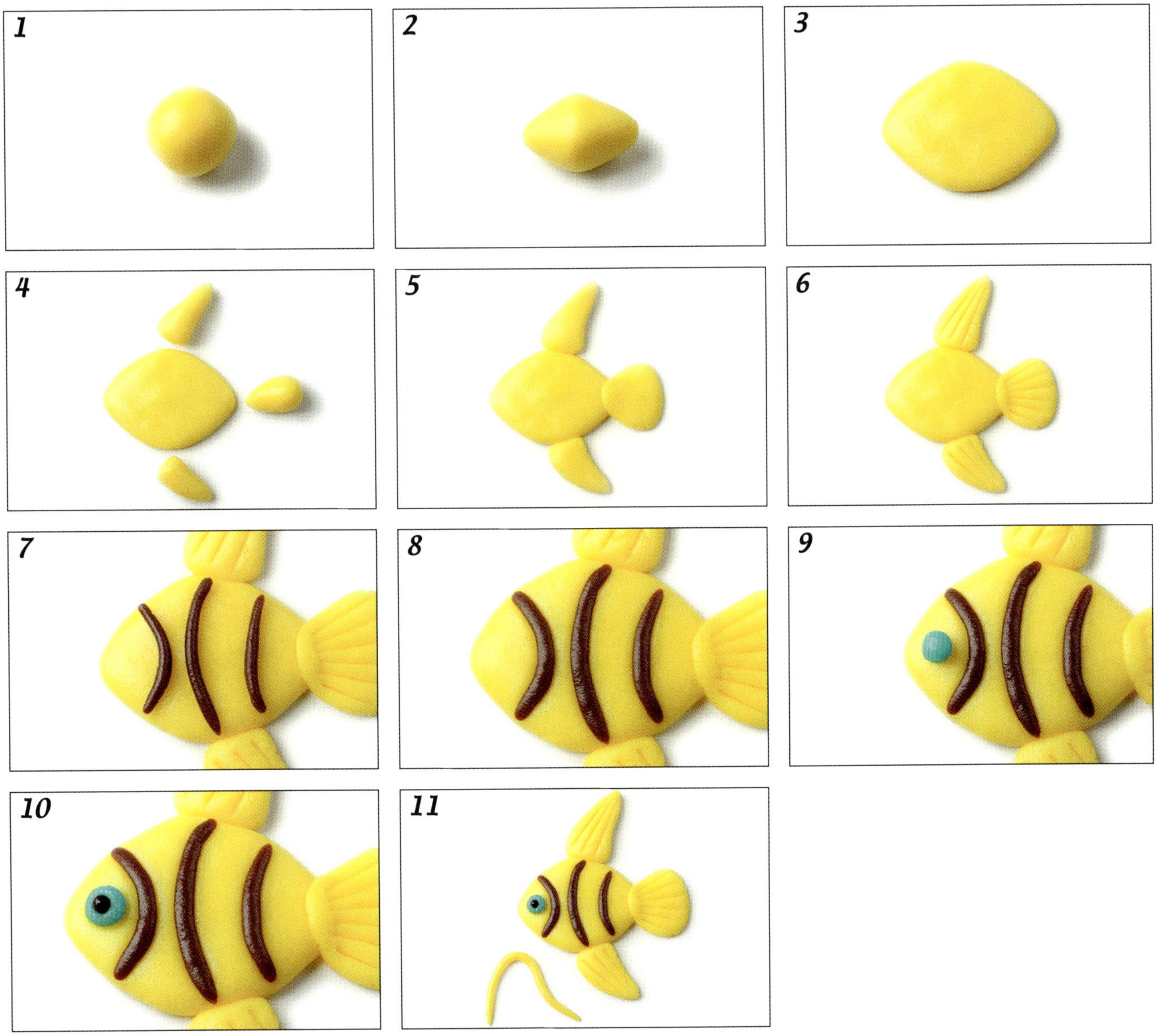

Ente

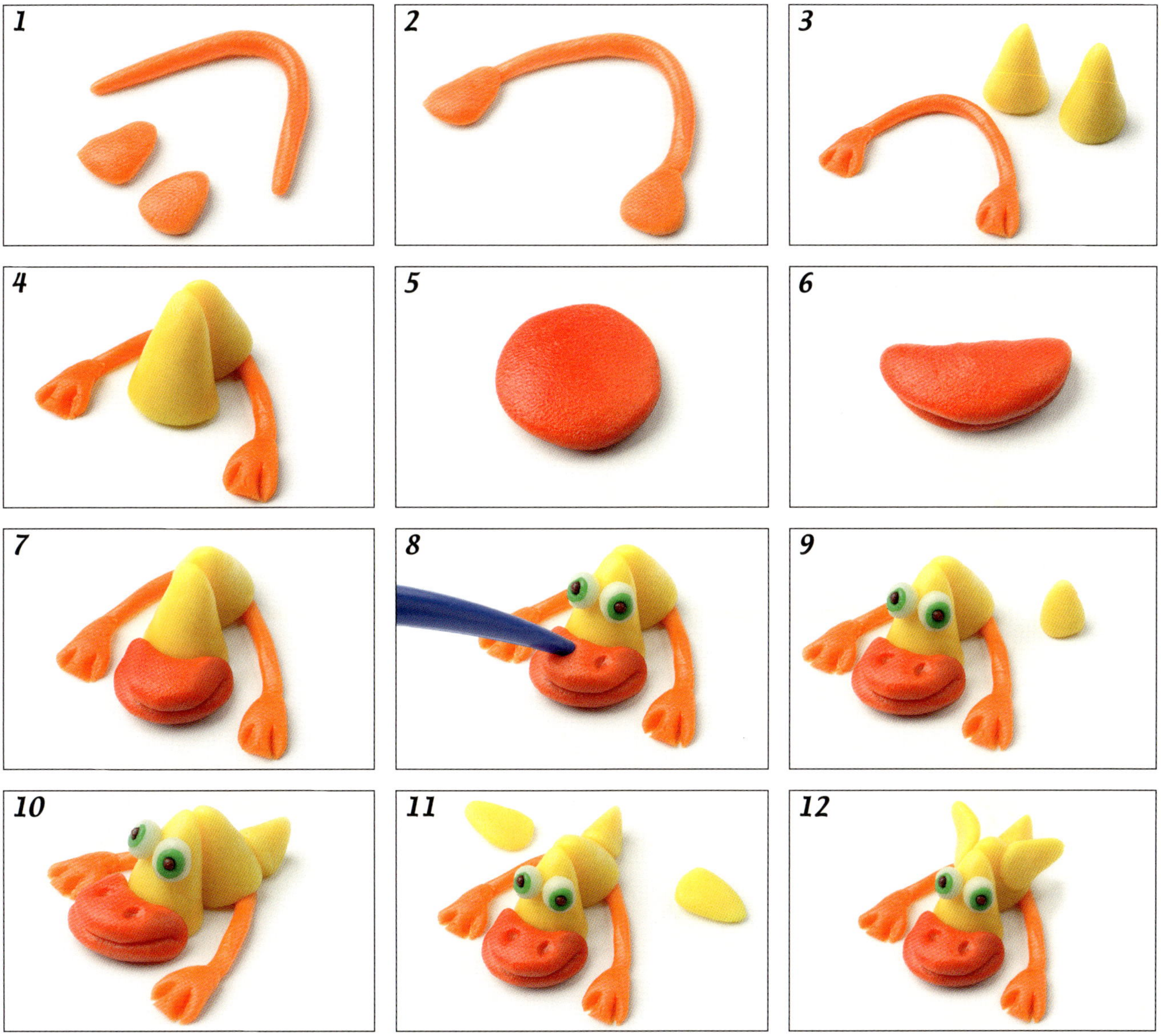
1
2
3
4
5
6
7
8
9
10
11
12

Zebra

1

2

3

4

5

6

7

8

9

10

11

12

13

14

15

Krokodil

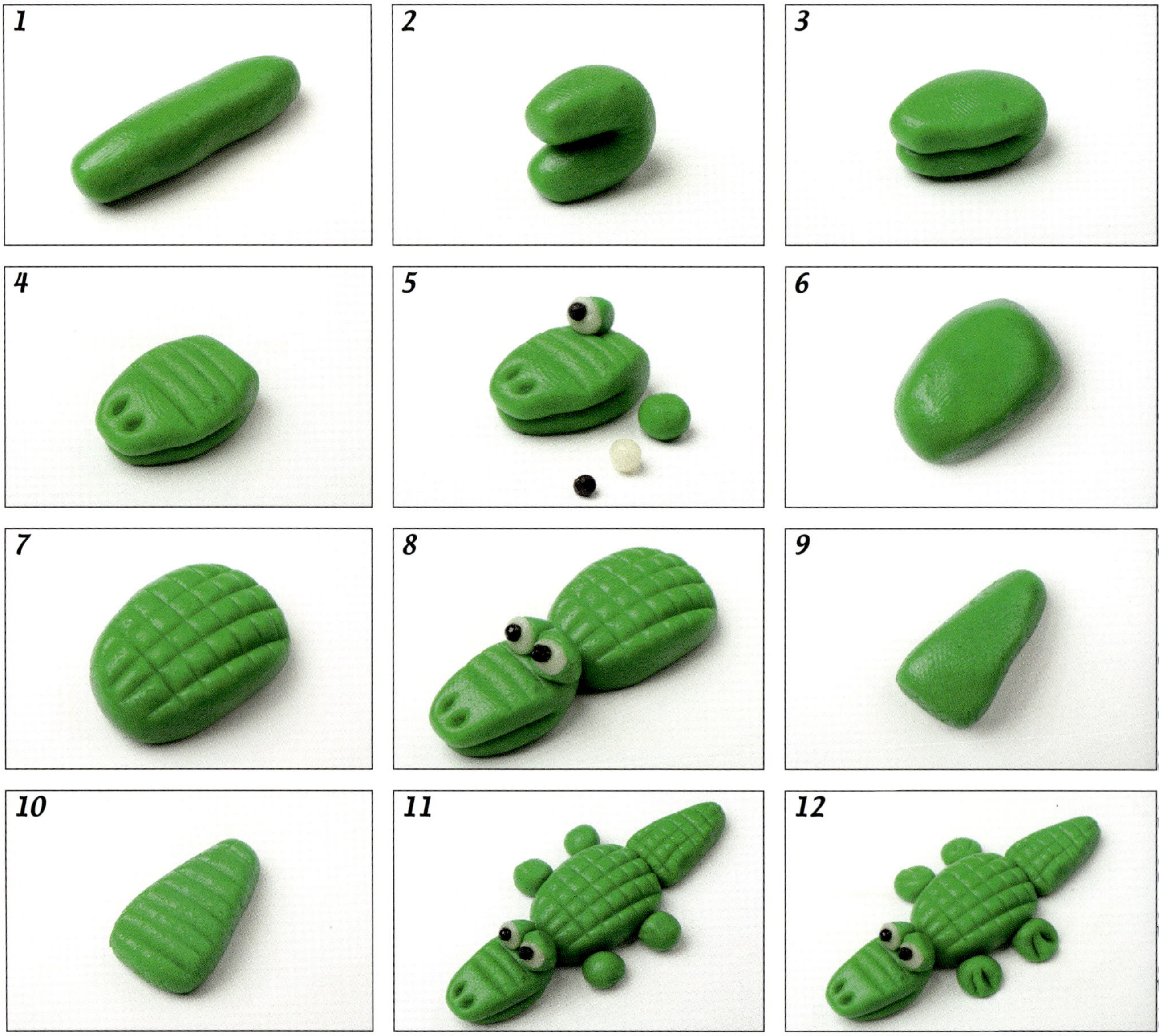

Nashorn

1

2

3

4

5

6

7

8

9

10

Maus

1

2

3

4

5

6

7

8

9

Libelle

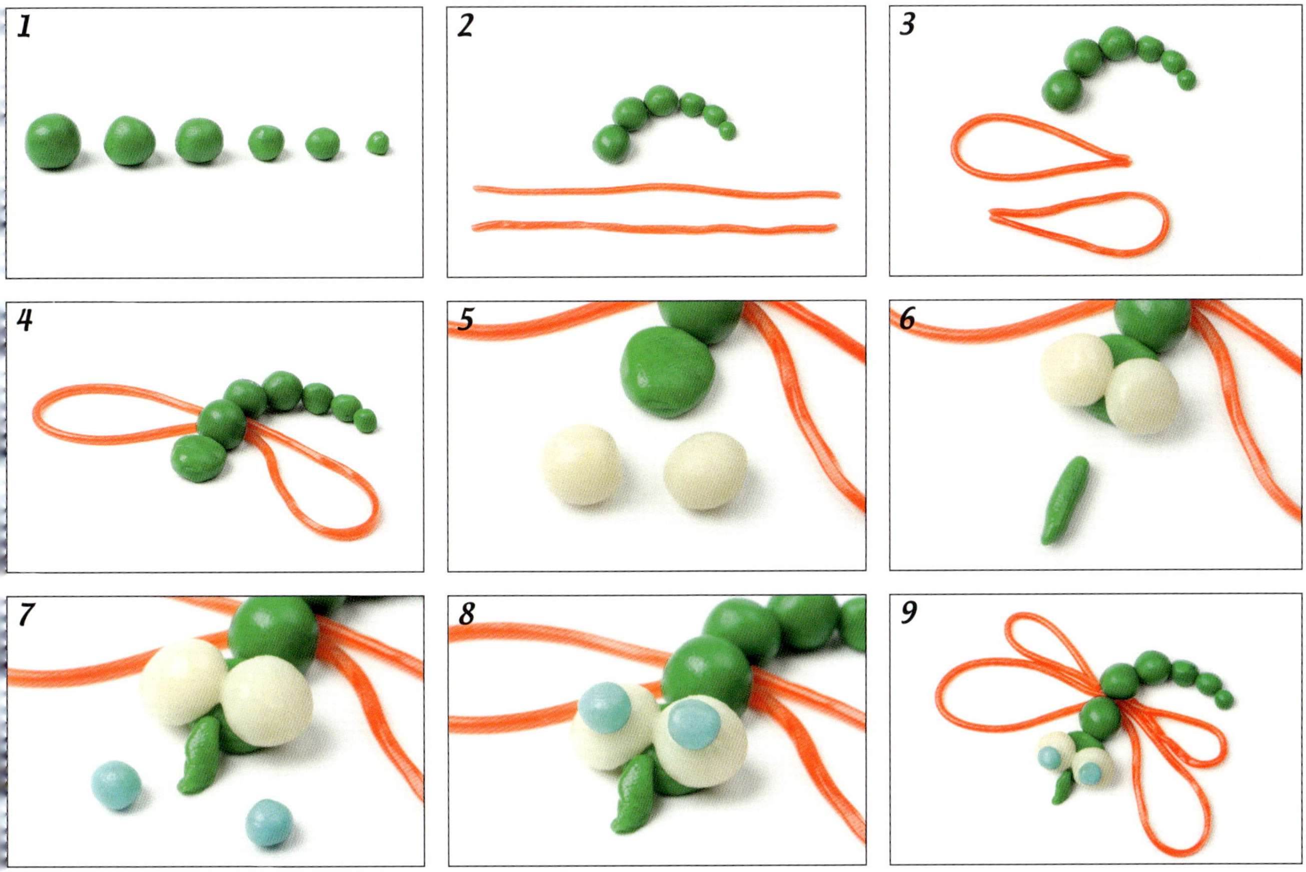

Krebs

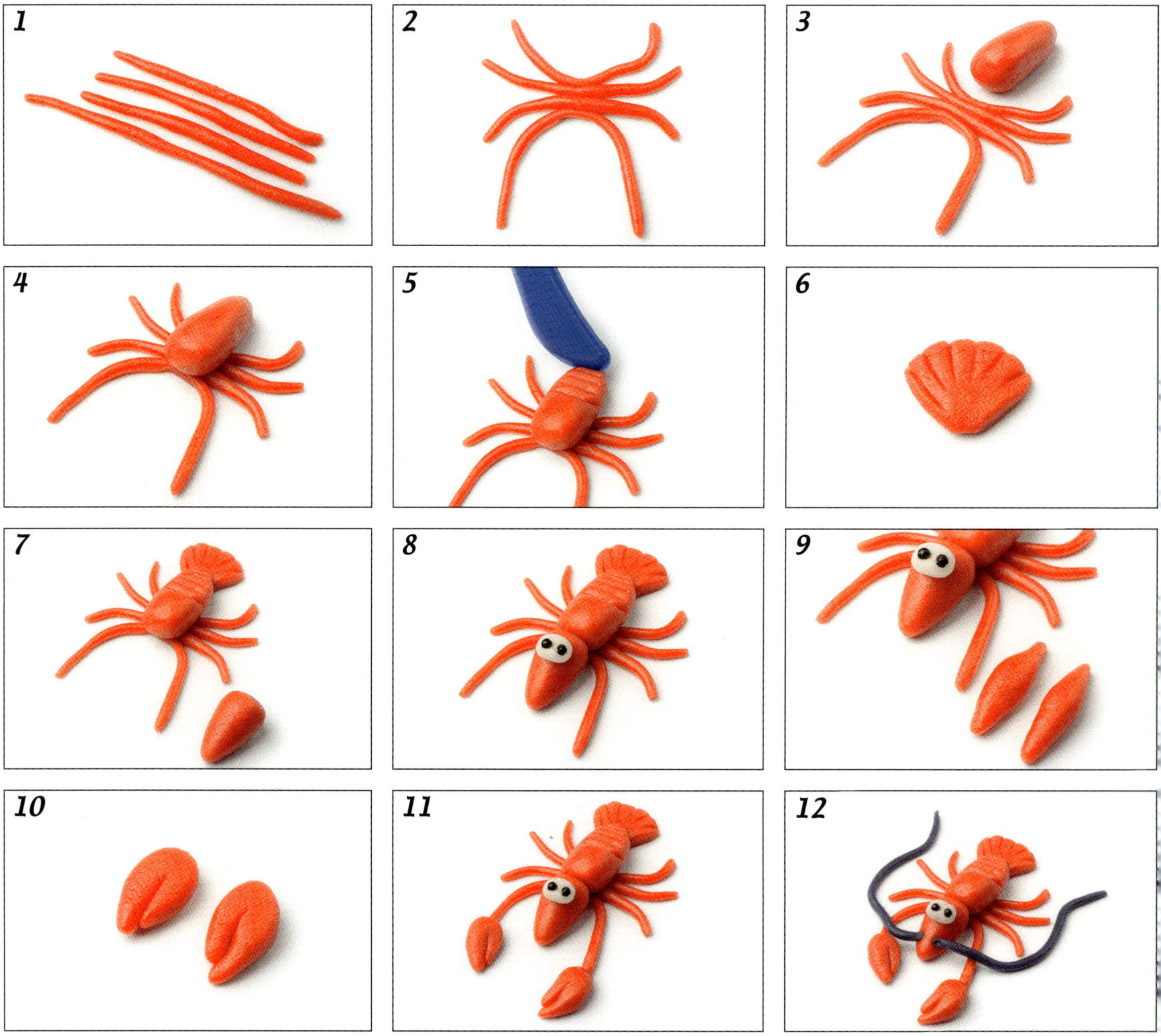

Löwe

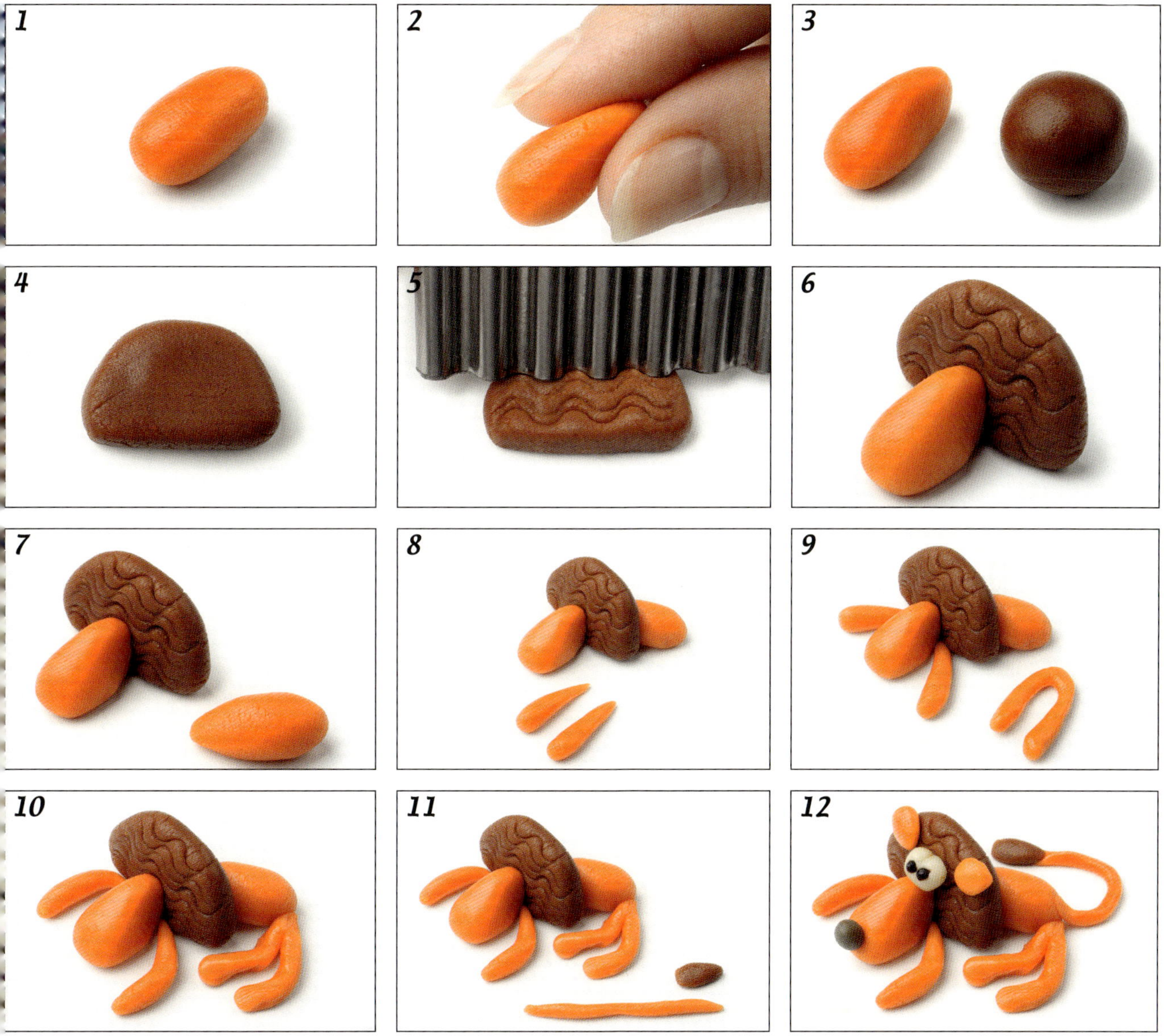

Blüten & Blätter

Rose

1

2

3

4

5

6

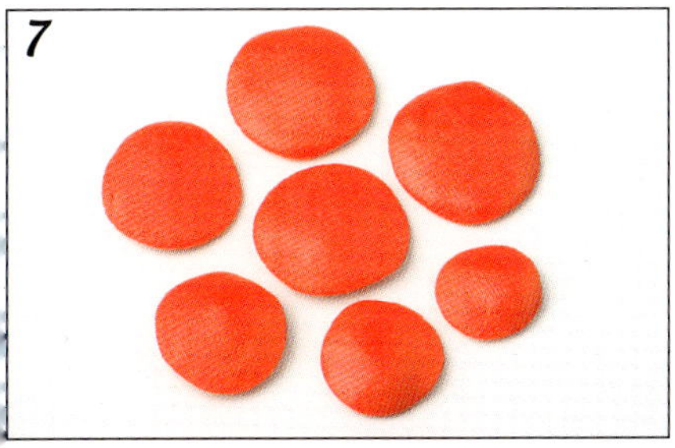
7

8

9

10

11

12

13

Aster

1

2

3

4

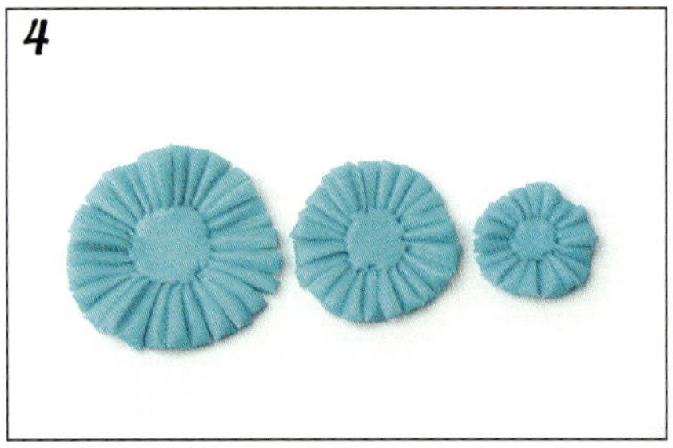

5

6

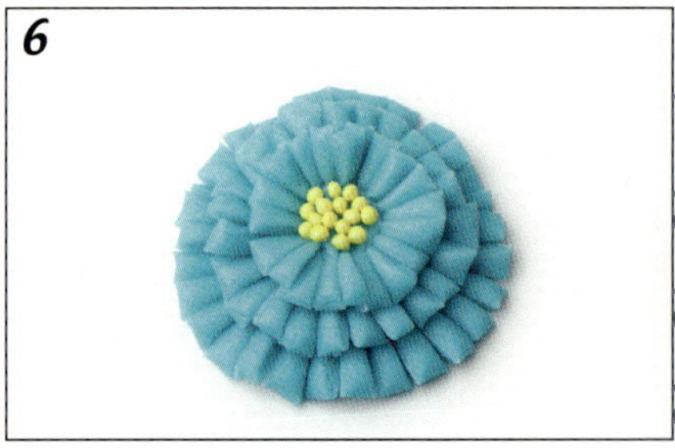

7

8

9

Calla

Veilchen

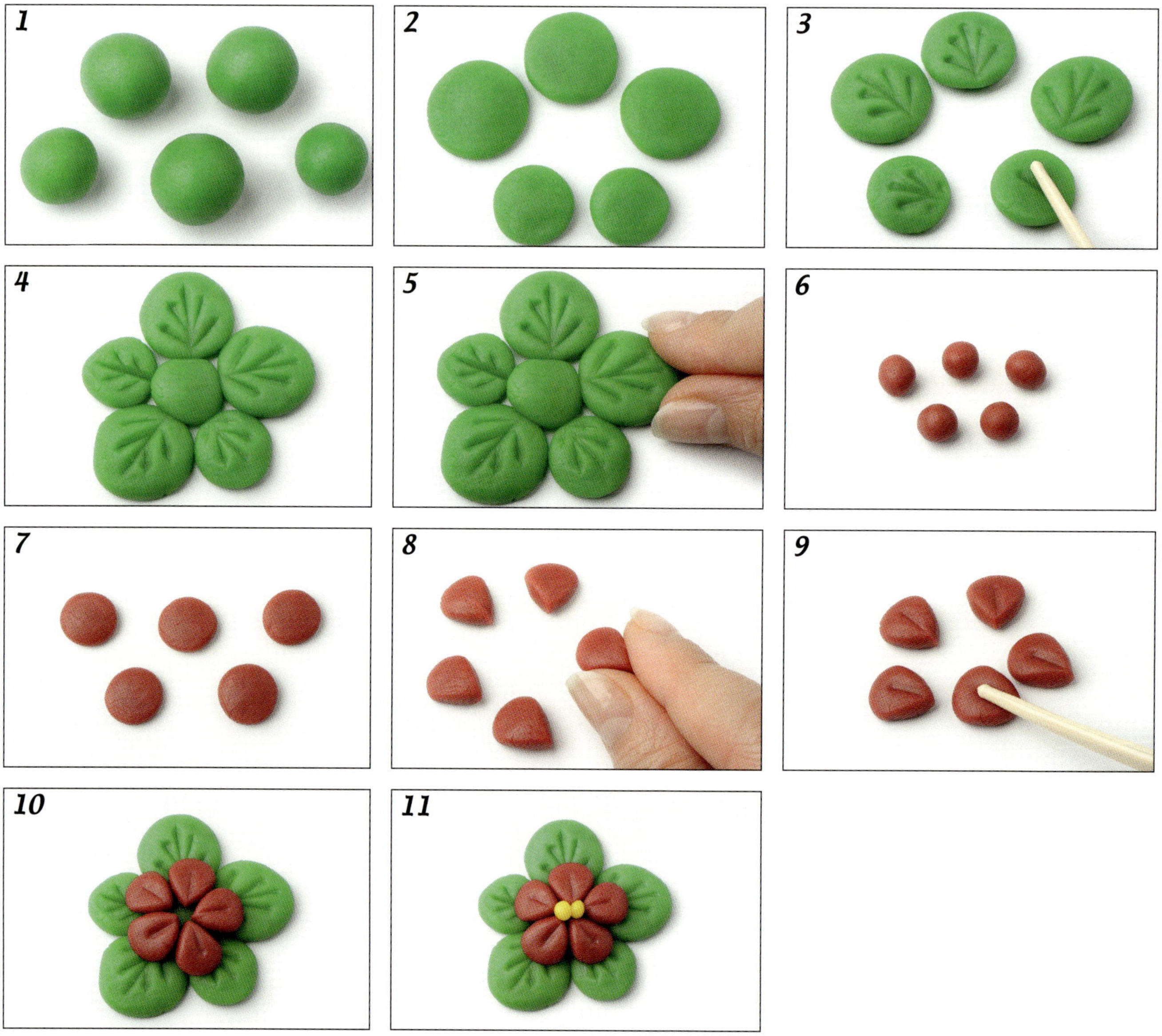

Tulpe

1

2

3

4

5

6
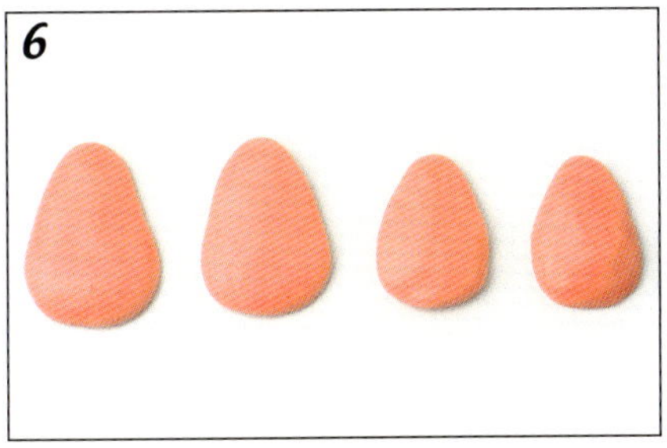

7
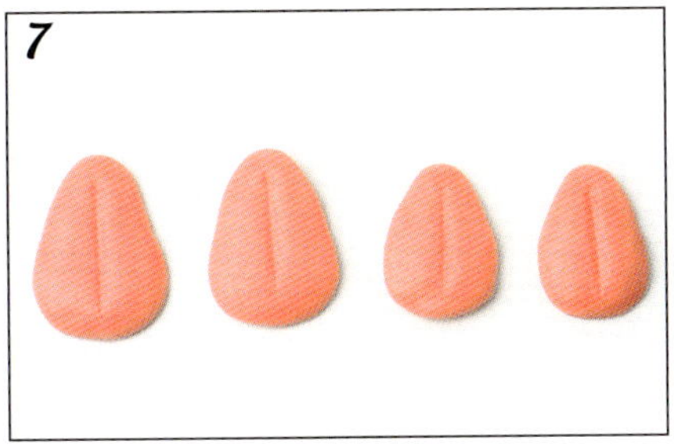

8

9

10

11

Kamille

Birke

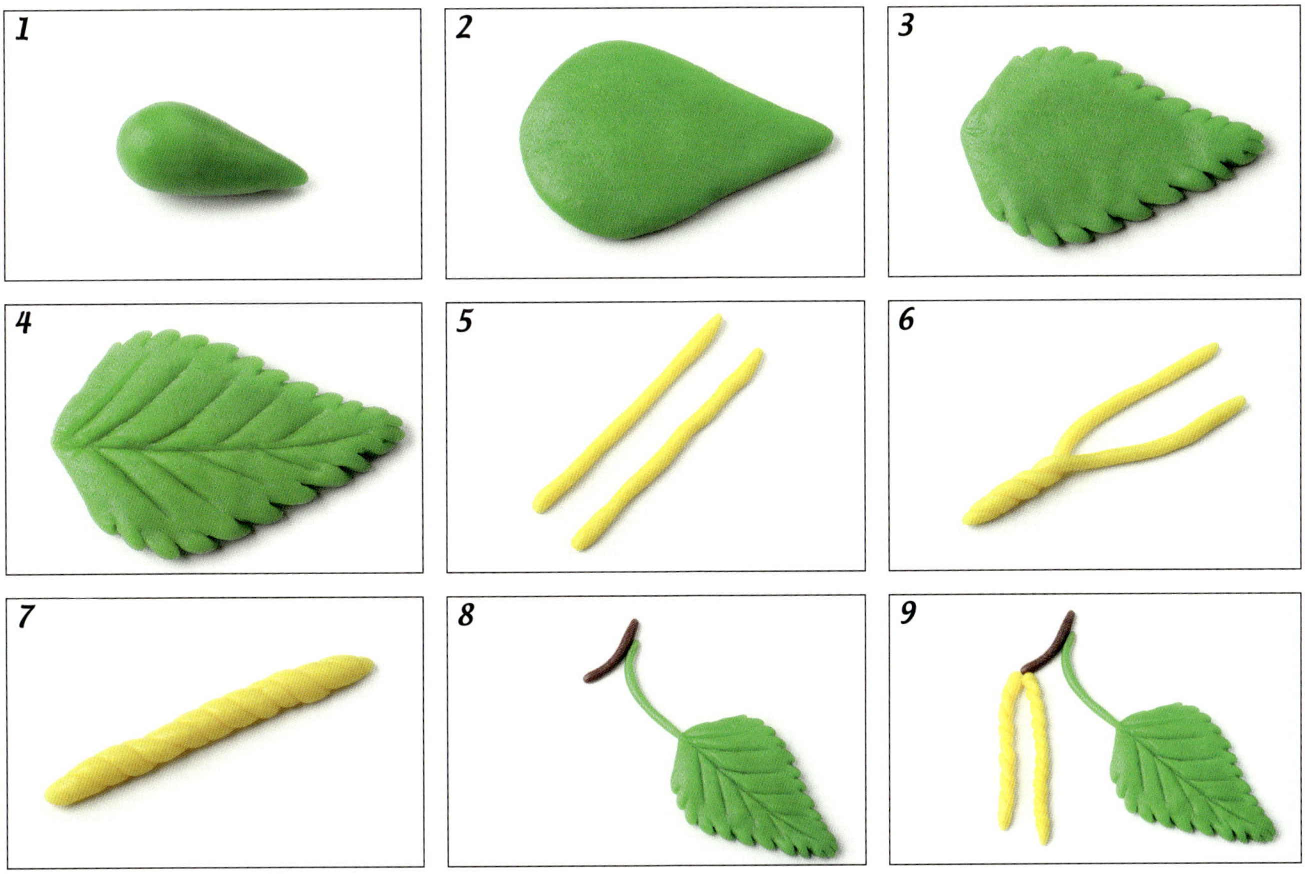

Tannenzapfen

1

2

3

4

5

6

7

8

9

10

11

12

Ahornblatt
mit Marienkäfer

Eiche

1

2

3

4

5

6

7

8

9

10

Kastanie

Stechpalme

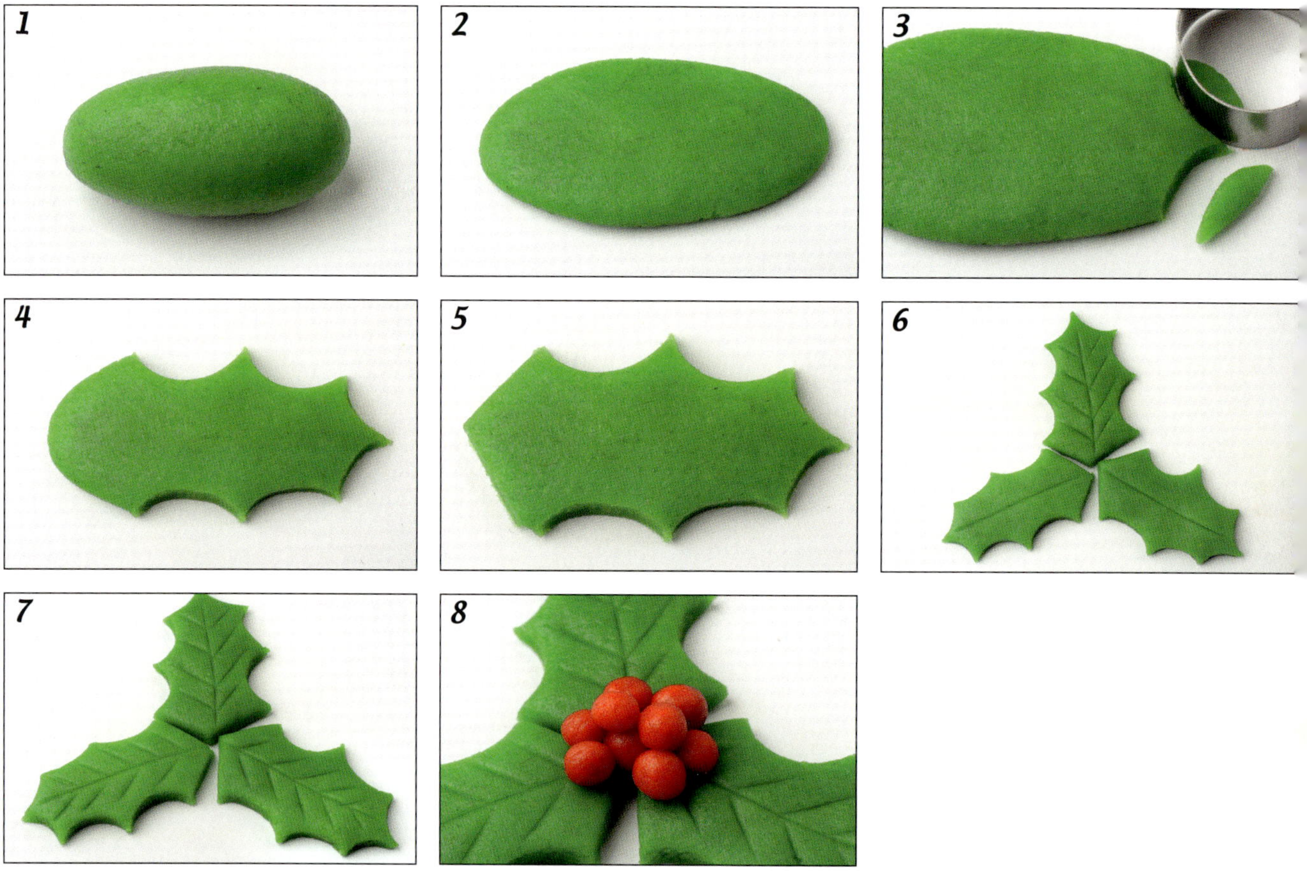

Vogelbeere

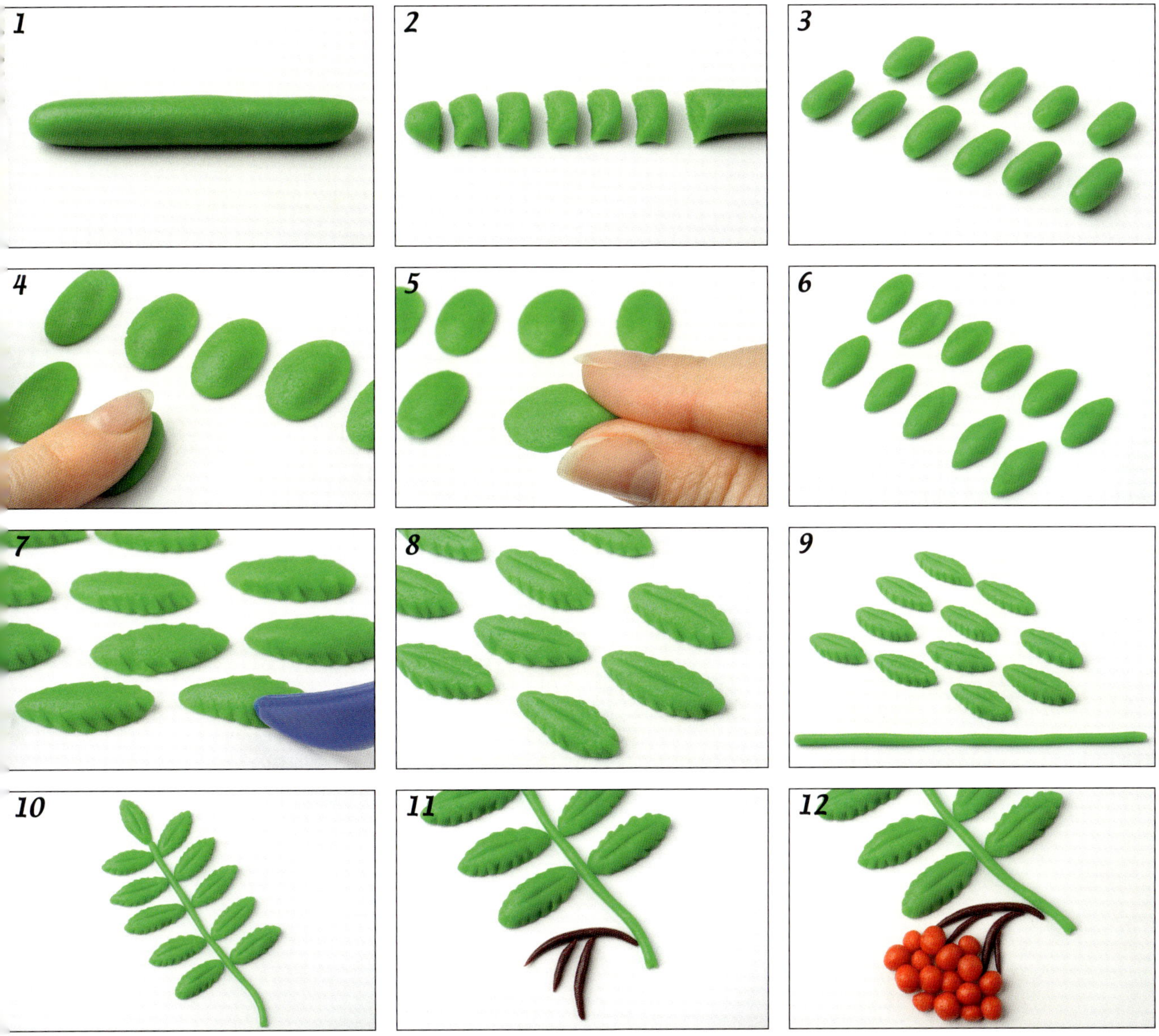

Blumenstrauß

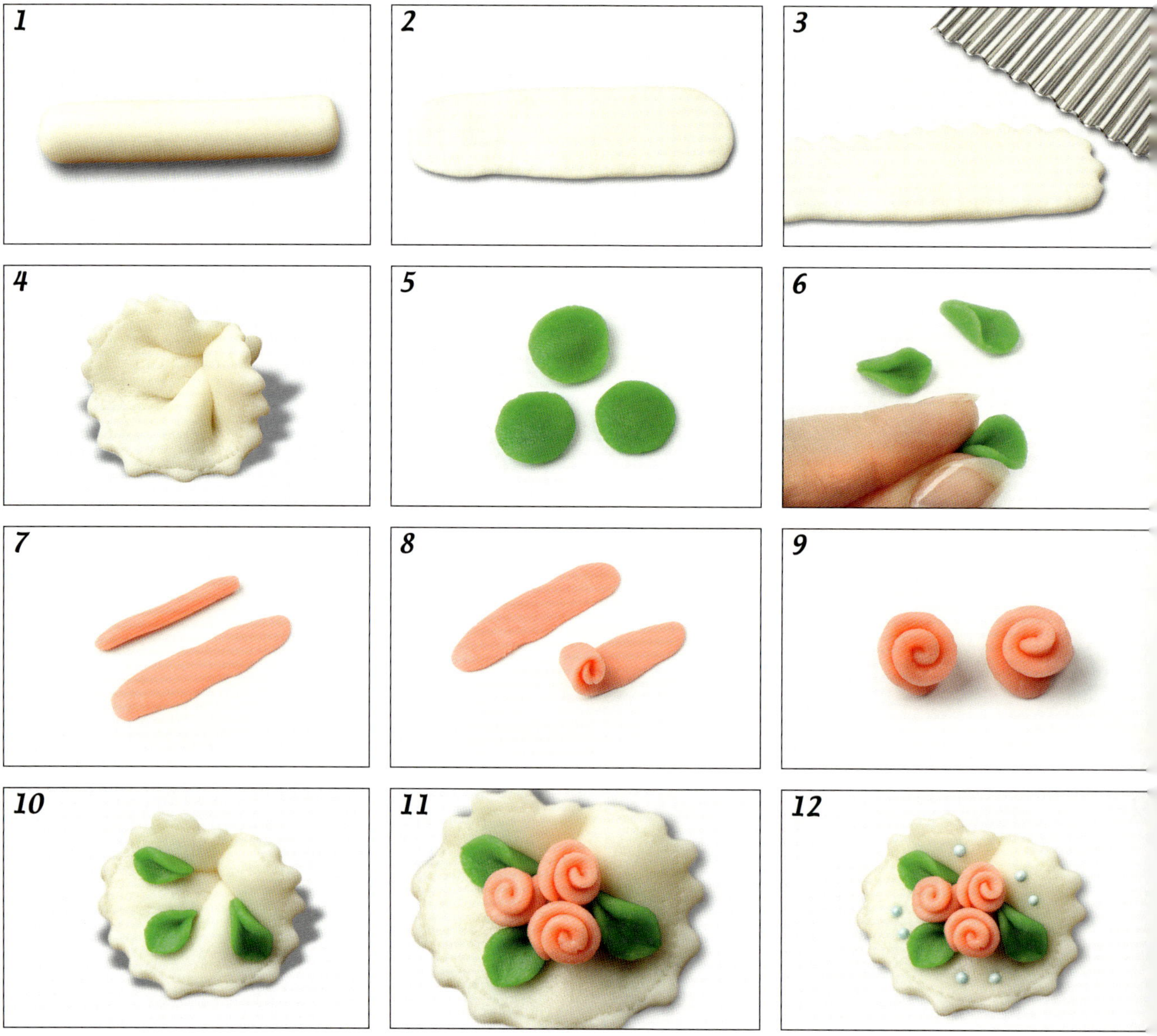

Gießkanne
mit Blumen

Menschen, Hobbys & Fahrzeuge

Mädchen

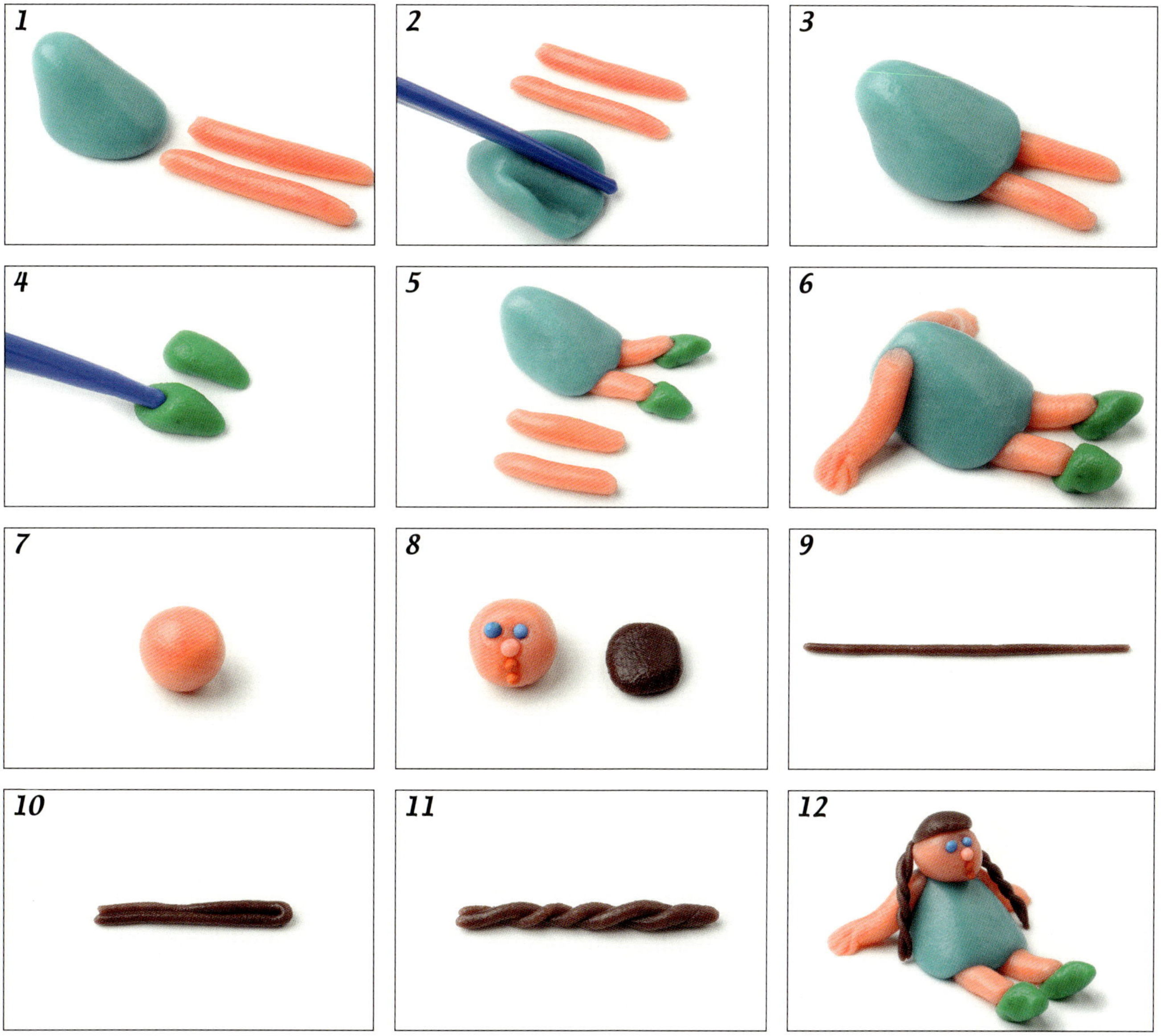
1
2
3
4
5
6
7
8
9
10
11
12

Saxophonspieler

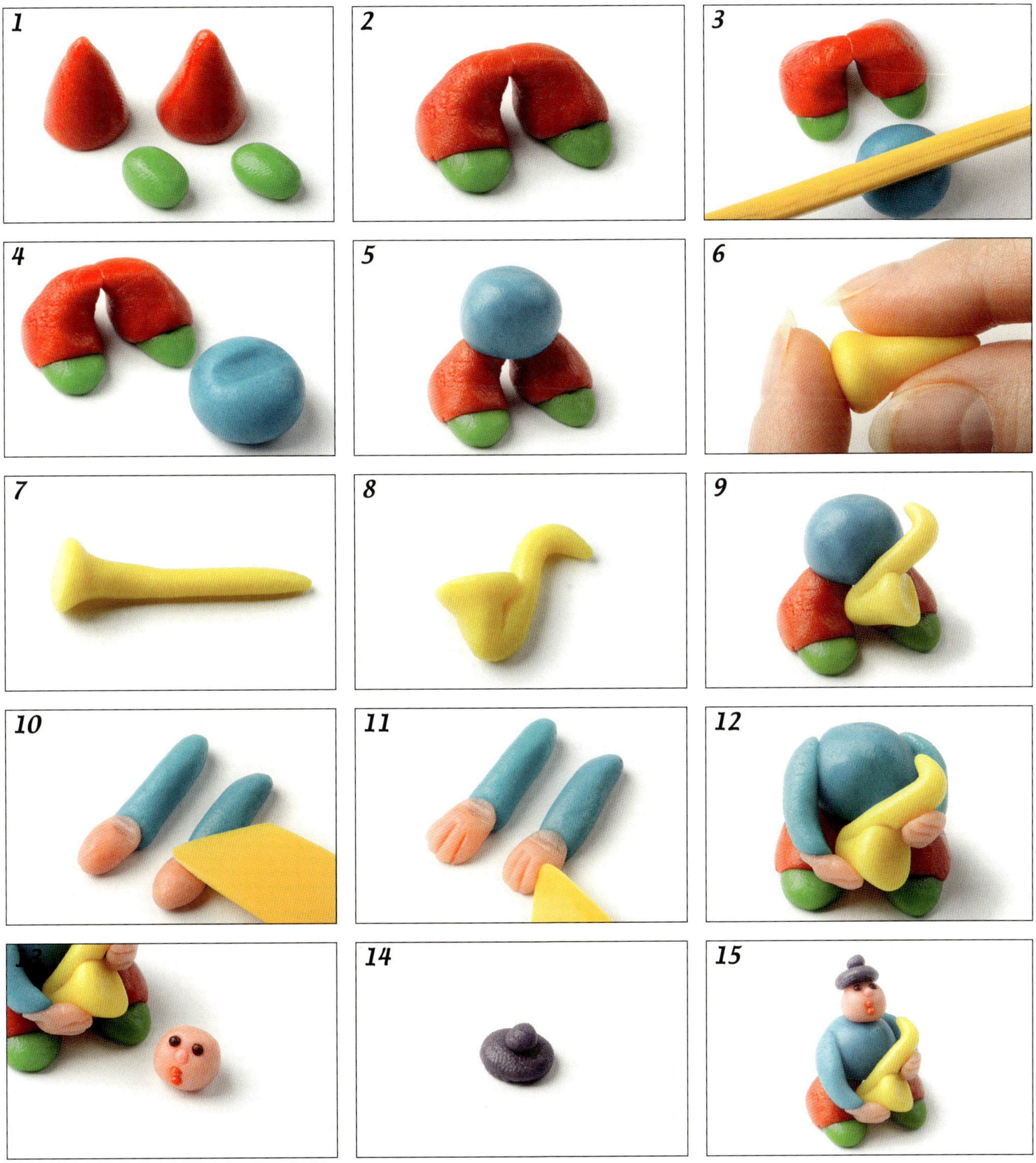
1
2
3
4
5
6
7
8
9
10
11
12
14
15

Tourist

1
2
3
4
5
6
7
8
9
10
11
12
13
14
15

Skifahrer

1

2

3

4

5

6

7

8

9

10

11

12

13

14

15

Schlittenfahrer

1

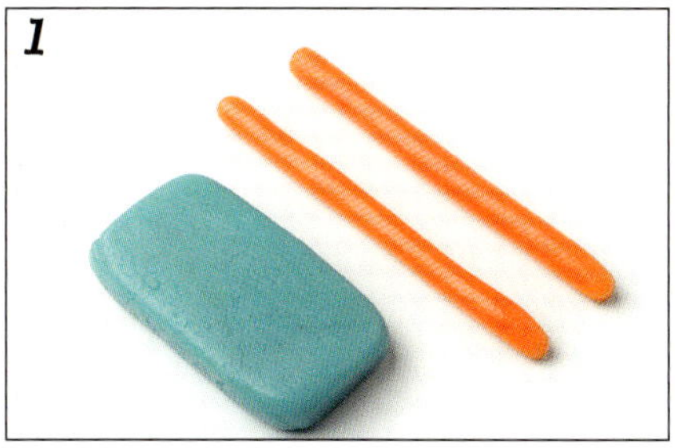

2

3

4

5

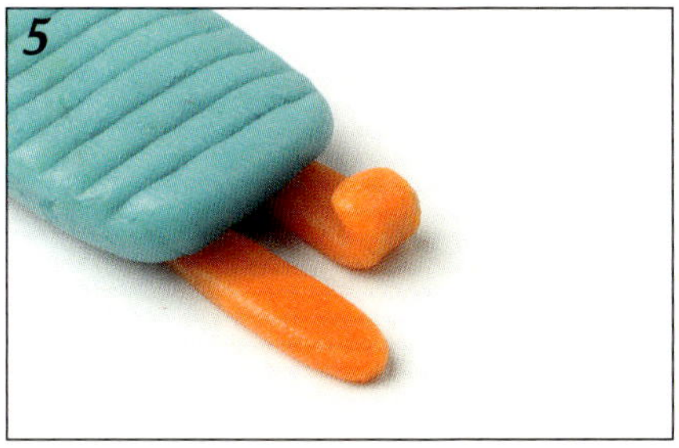

6

7

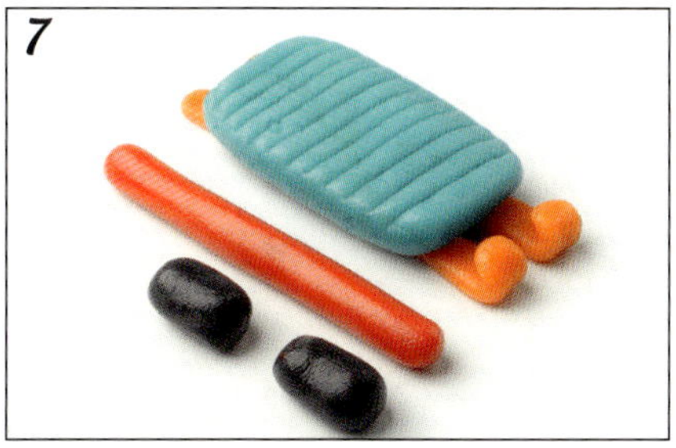

8

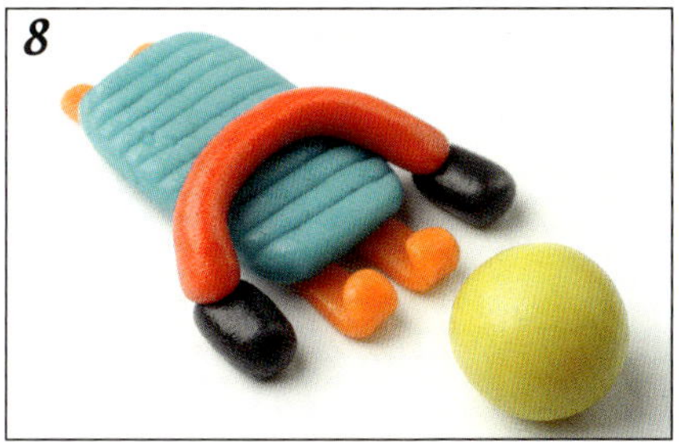

9

10

11

12

13

14

15

Motorradfahrer I

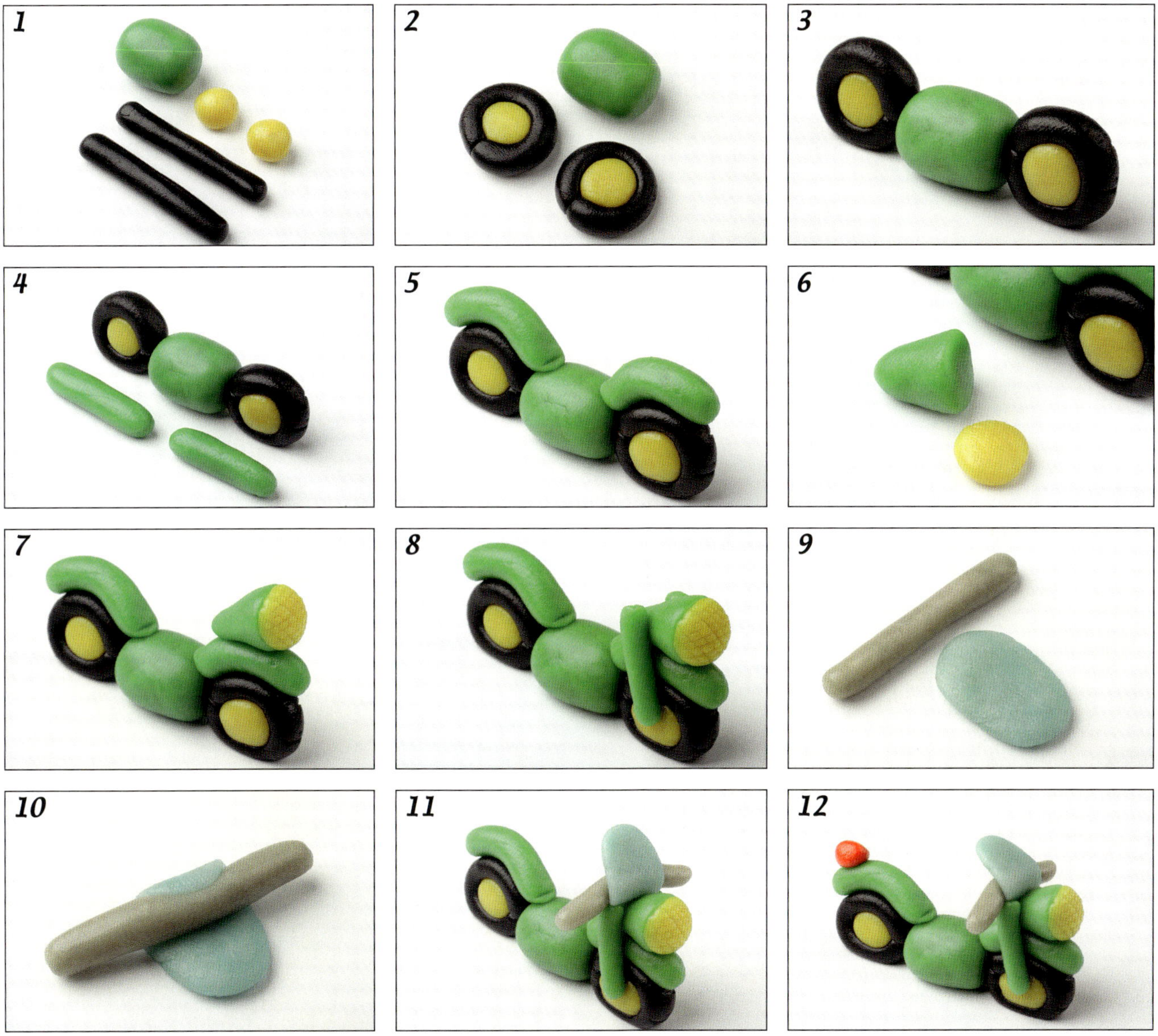
1
2
3
4
5
6
7
8
9
10
11
12

Motorradfahrer II

1

2

3

4

5

6

7

8

9

10

11
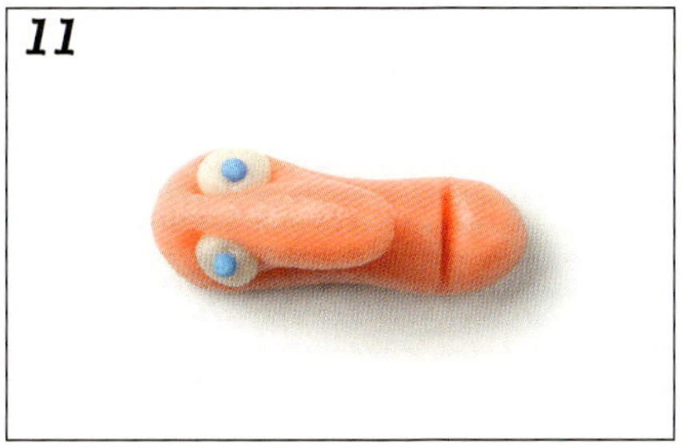
12

13

14

15

Doppeldecker

1

2

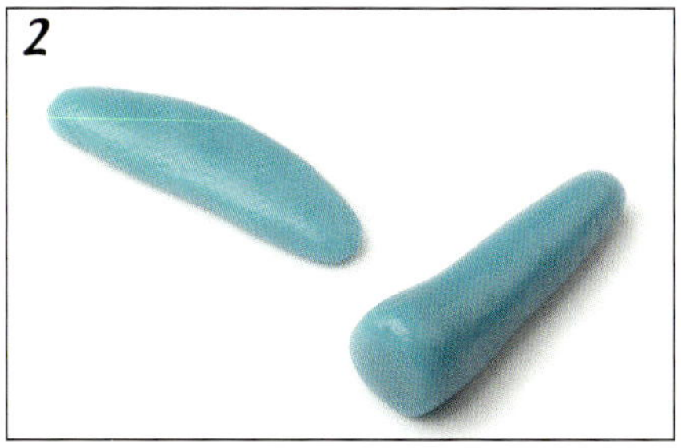

3

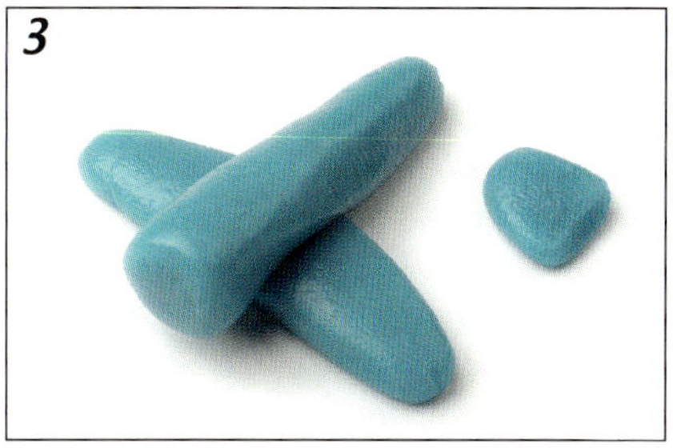

4

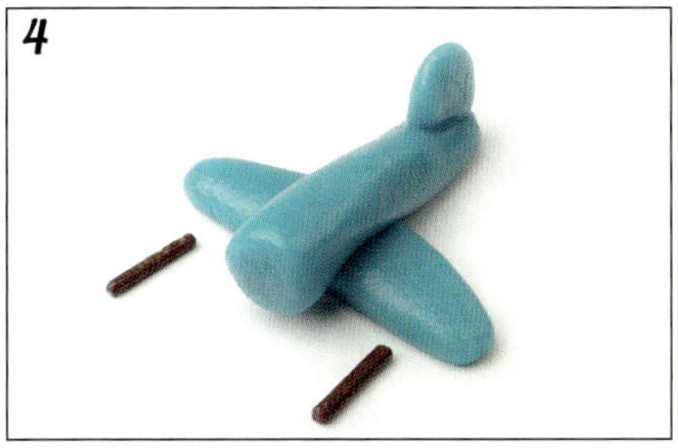

5

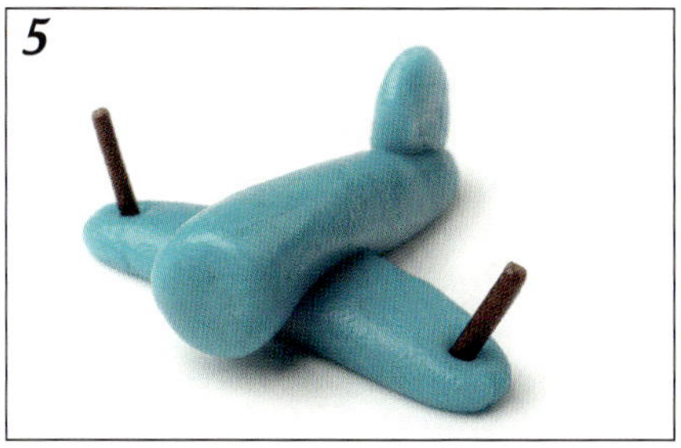

6

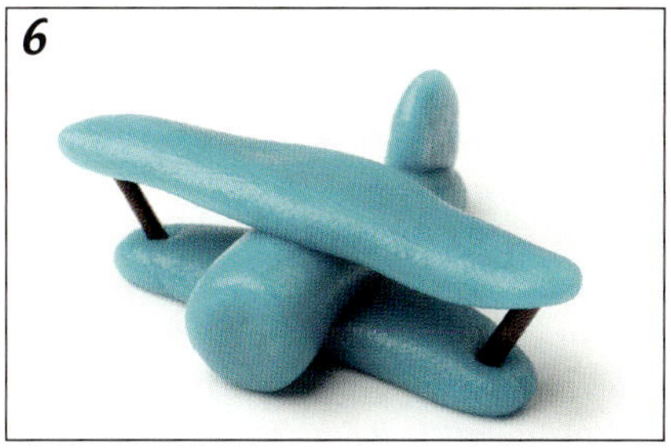

7

8

9

10

11

12

13

Betonmischer

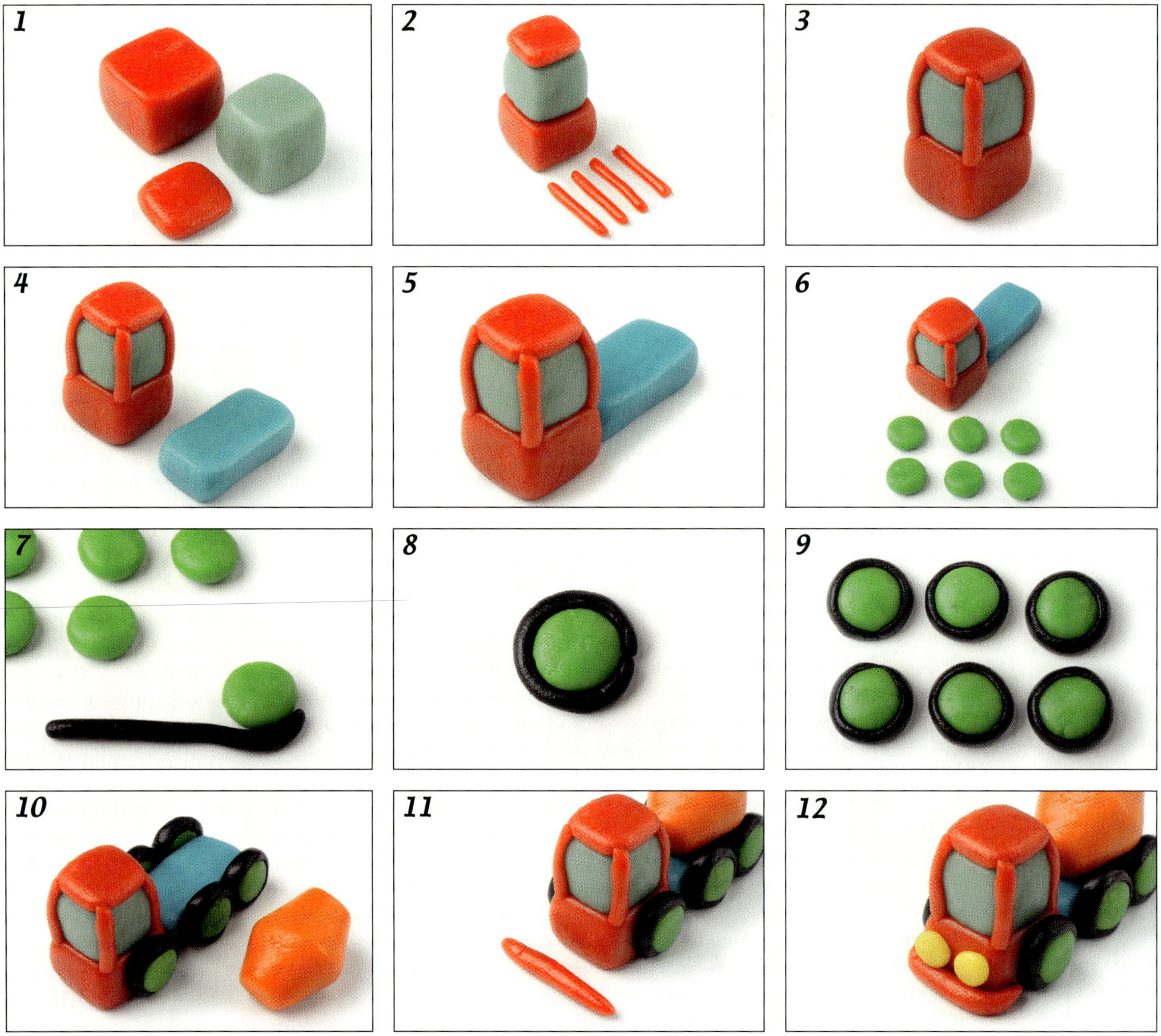

Traktor

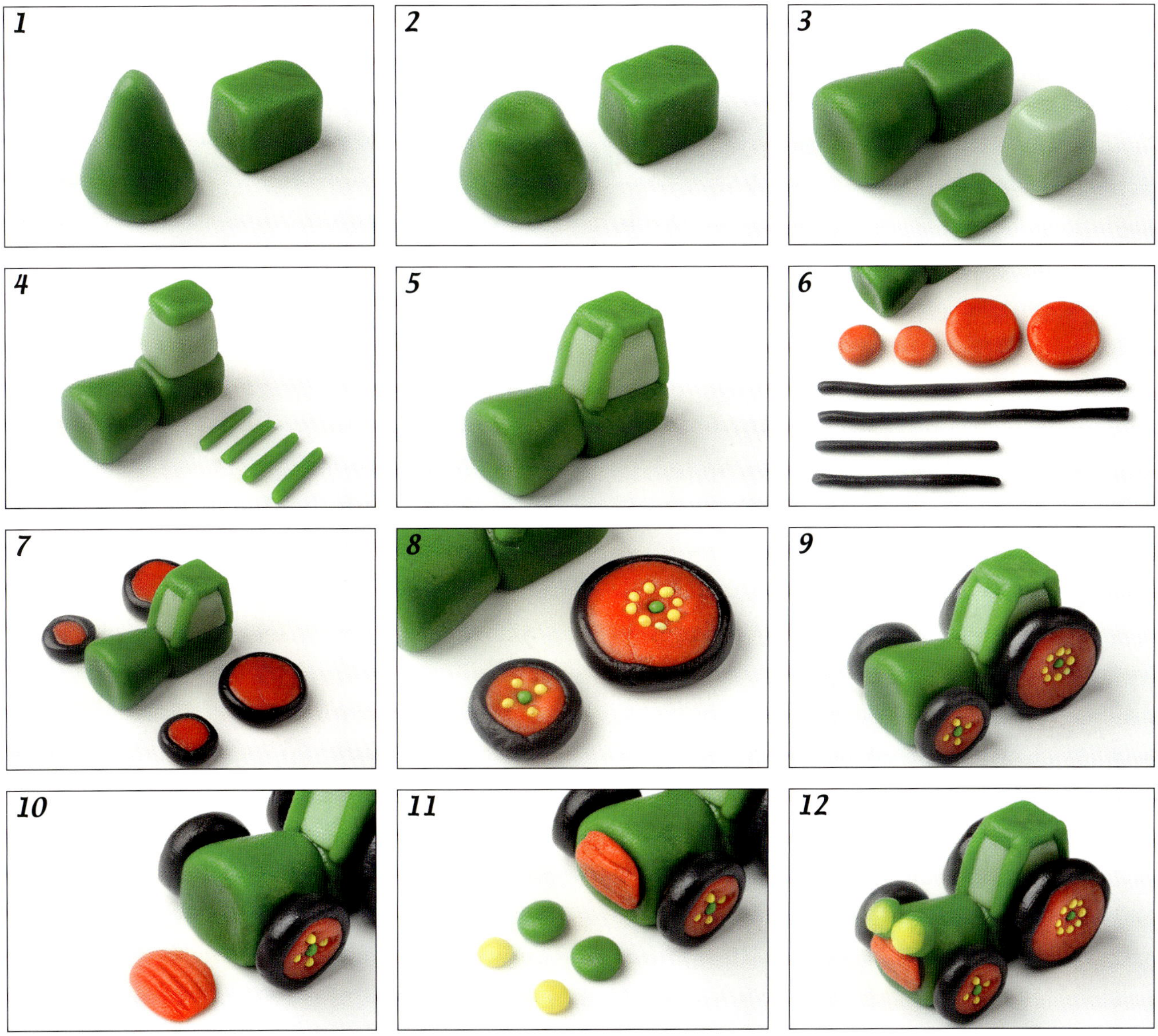

Oldtimer

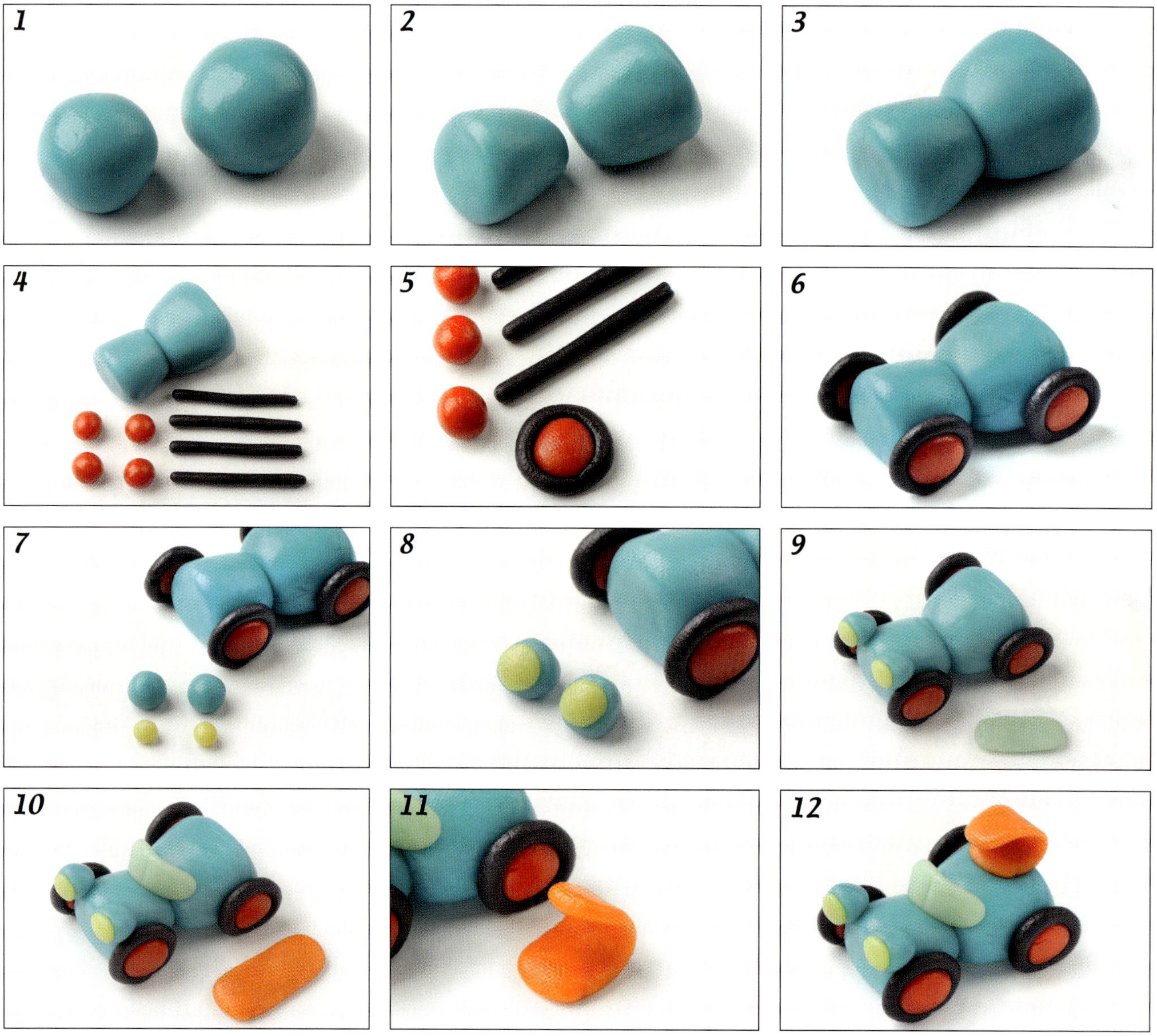

Kettenfahrzeug

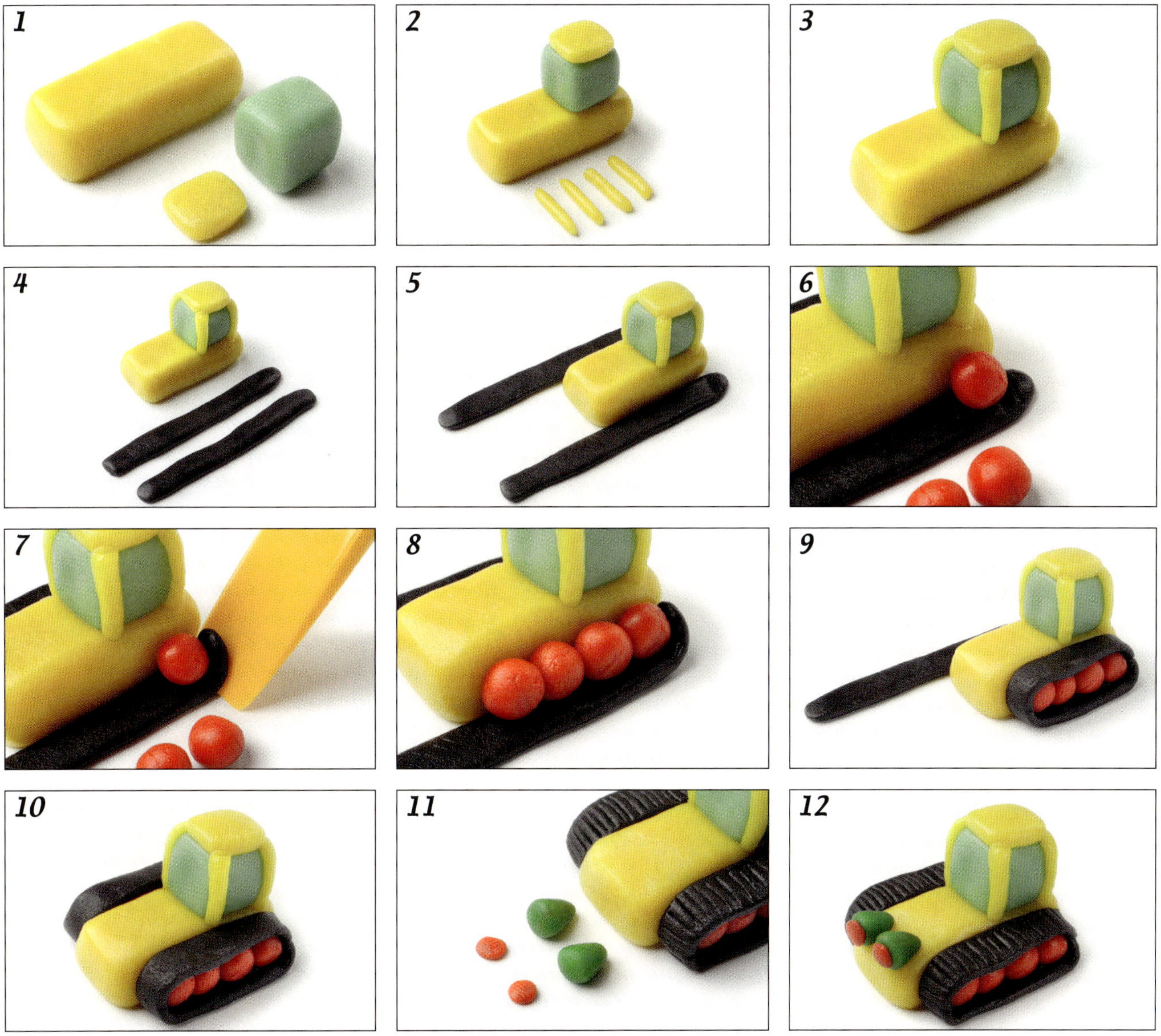

Lokomotive

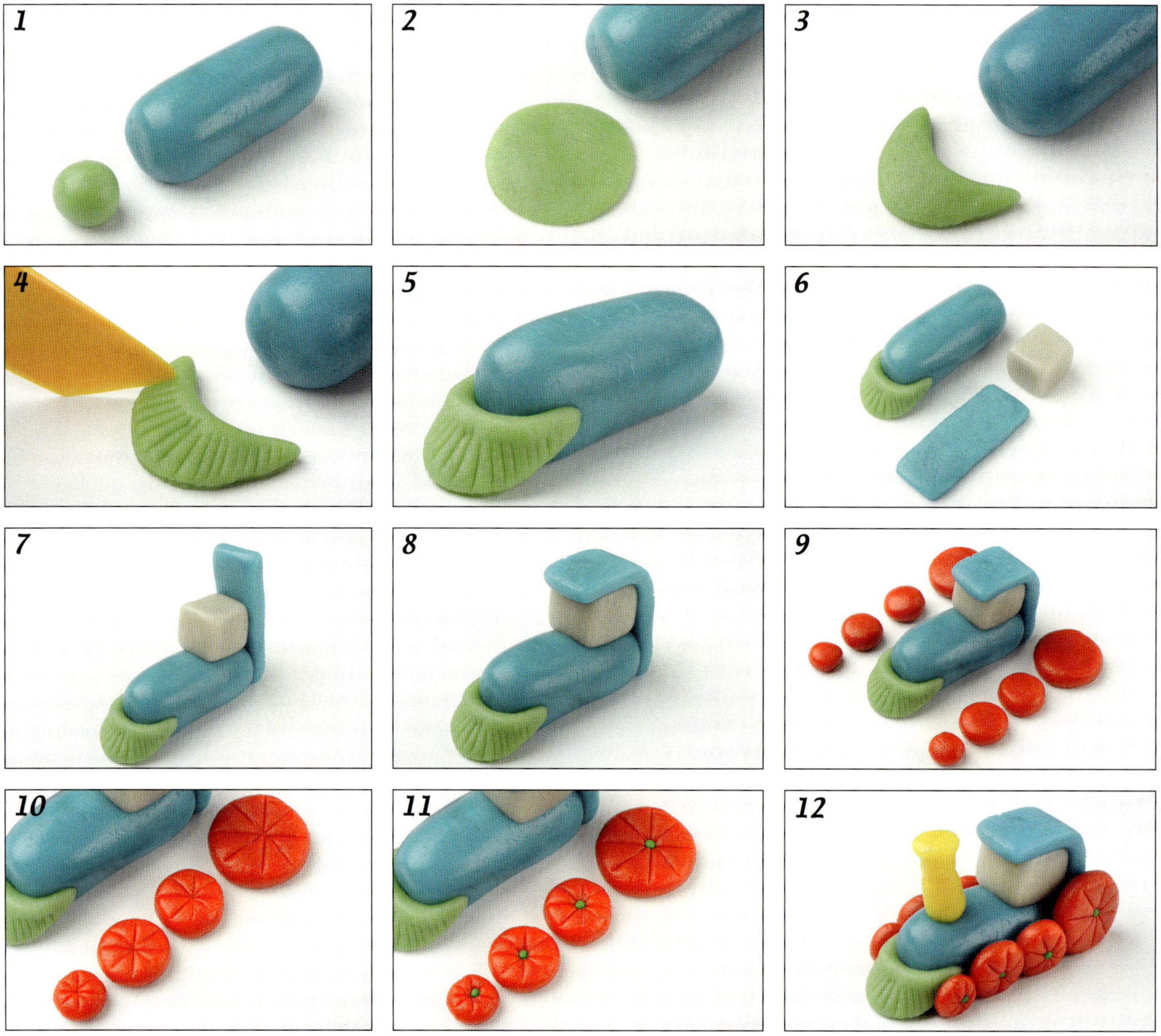

Walzenfahrzeug

Register